女孩，你该如何保护自己

崇　文◎编著

中国华侨出版社
·北京·

图书在版编目（CIP）数据

女孩，你该如何保护自己/崇文编著. --北京
中国华侨出版社，2024. 6
ISBN 978-7-5113-8190-3

Ⅰ.①女… Ⅱ.①崇… Ⅲ.①女性—自我保护 Ⅳ.
①C913.68

中国国家版本馆 CIP 数据核字（2024）第 090738 号

女孩，你该如何保护自己

编　　著：崇　文
责任编辑：唐崇杰
封面设计：冬　凡
经　　销：新华书店
开　　本：710 毫米 × 1000 毫米　　1/16 开　　印张：8　　字数：80 千字
印　　刷：三河市众誉天成印务有限公司
版　　次：2024 年 6 月第 1 版
印　　次：2024 年 6 月第 1 次印刷
书　　号：ISBN 978-7-5113-8190-3
定　　价：49.00 元

中国华侨出版社　　北京市朝阳区西坝河东里77号楼底商5号　　邮编：100028
编 辑 部：（010）64443056-8013　　传　真：（010）64439708
网　　址：www.oveaschin.com　　E-mail：oveaschin@sina.com
如发现印装质量问题，影响阅读，请与印刷厂联系调换。

前　言

　　这是一本专为女孩打造的自我保护手册，是送给女孩的成长礼物。本书从母亲的角度出发，针对当下高发的校园欺凌、坐车失联、见网友被骗、夜路遇害等事件，对女孩可能面临的来自校园、网络、社会等方面的危险进行了分析，希望通过大量生活中的真实案例与身边故事，培养女孩的安全意识，帮助女孩掌握自我保护的技巧。从校园生活、社交网络、交通出行、财产安全、人际交往、身体隐私等诸多方面，告诫女孩们提高警惕，切实增强安全意识，防患于未然。让她们明白安全无小事，从源头杜绝风险！

目　　录

青春期的烦心事……………………………………… （1）

　　月经来了，我该怎么办 …………………………（3）

　　卫生巾选择什么样的好呢 ………………………（5）

　　如何摆脱失眠的困扰 ……………………………（7）

　　女孩也会神经衰弱吗 ……………………………（10）

　　我是不是得了焦虑症 ……………………………（12）

　　我得了"健忘症" …………………………………（15）

起居生活谨防意外………………………………… （17）

　　炒菜要小心 ………………………………………（19）

　　用蚊香灭蚊，小心别酿成火灾 …………………（21）

　　触电了怎么办 ……………………………………（23）

　　害怕宠物咬我 ……………………………………（25）

　　自己拉响安全警钟 ………………………………（27）

校园安全要重视………………………………… （31）

　　遭遇"校园霸凌"怎么办 …………………………（33）

戒除网络游戏 ……………………………………（35）

同学总是嘲笑我怎么办 …………………………（37）

老师侵犯了我的隐私权 …………………………（39）

不懂得如何拒绝别人，怎么办 …………………（41）

外出游玩安全第一………………………………（45）

东西要自己看管好 ………………………………（47）

小心"海盗车" …………………………………（49）

想敲诈？没那么容易 ……………………………（51）

路遇抢劫须镇静 …………………………………（54）

好像有人跟踪我 …………………………………（56）

走路也要讲究安全 ………………………………（58）

找个安全的地方住 ………………………………（59）

遇到恶劣气候不忘自我保护 ……………………（61）

这样的运动，也很危险 …………………………（63）

注意人身安全，玩得更开心 ……………………（65）

野外迷路怎么办 …………………………………（67）

看穿常见的骗人术………………………………（69）

我要和什么样的人成为朋友呢 …………………（71）

"洁身自好"防诡计 ……………………………（74）

"手机中毒"是怎么回事 ………………………（76）

不想去做客 ………………………………………（78）

骗术的范样 ………………………………………（80）

躲开那些不靠谱的"江湖术" …………………（82）

坚决拒绝尝试"刺激药片" ……………………（85）

陌生人与你搭话怎么办 ………………………（87）

遇事要判断，勿轻信他人 ……………………（89）

不容忽视的急救、自救常识……………………（91）

那边有人溺水啦 ………………………………（93）

防止毒蛇咬伤 …………………………………（95）

惹火烧身，好疼 ………………………………（98）

地震来了，该往哪里跑 ………………………（100）

如何避免被雷击 ………………………………（102）

被车撞到了要镇静应对 ………………………（105）

珍惜青春，拒绝早恋………………………………（107）

男孩和女孩不可以交往吗 ……………………（109）

真正的爱情是什么 ……………………………（111）

网络爱情，拜拜 ………………………………（113）

对性骚扰说不……………………………………（115）

保持警惕性，避免性侵犯 ……………………（117）

青春期的烦心事

月经来了，我该怎么办

今天，薇薇经历了一件"重大事故"：早上起床的时候发现内裤上面沾满了血！

这是怎么回事？过了大约半个小时，薇薇隐约感觉到又在流血，她赶快跑到卫生间里"观察"了一下；真的，流血没有结束，还在继续。薇薇忍不住惊慌害怕起来：这别是什么不治之症的前兆吧？如果自己生病死了怎么办？

想到这里，薇薇拿出自己最心爱的大号毛绒玩具，准备好要把它送给好朋友。

……

薇薇哭着去找妈妈："妈妈，我下面流了好多血。"妈妈看到薇薇这副样子，不但没有着急，反而笑着说："薇薇，不要怕，没事的。"

嗯？在薇薇正哭得投入的时候，妈妈这一句话让她感到很诧异，薇薇好奇地望着妈妈。

"薇薇，这是正常的生理现象，每个女孩都会有。它的学名叫'月经'，每个月都会有一次出血。"

"那流的是血啊！"薇薇还是有点难过，"如果血流没了怎么办？""不会的，月经血是由于子宫内膜受到雌孕激素的影响，出现周期性的脱落，属于正常的生理现象。"妈妈耐心地为薇薇解释。听妈妈这样一说，薇薇平静下来了。

"薇薇，妈妈帮你把卫生巾垫上吧。"

青春期的女孩儿到现在也没有想明白为什么要有"月经"这种东西

吧？女孩的身体中有一个器官叫作"子宫"，就好比一个装东西的空房间。将来当你有一天怀孕生小孩的时候，子宫就是装未出世的婴儿的地方。但是现在，这个子宫一直都处于空闲的状态。我们平时在生活中都有这样的常识，当房间很久不住人的时候，就需要打扫，否则就会很脏。子宫也就好比是这个房间，隔一段时间就需要打扫一下。所以，子宫内膜的保护层在每隔约28天的时候会自动脱落排出，于是就形成了月经。

对于月经的到访，你应该感到欣喜和高兴才对，根本用不着担心害怕。大部分的女孩在11~15岁这段时期会经历第一次月经，以后就会逐渐规律，每隔一个月左右就来一次。每个女孩的"月经周期"都不尽相同。在一般情况下，月经周期是从一次月经开始的日子，到下一次月经开始的那一天为一个周期，一般在22~32天，多数人约为28天。在月经期间，出血时间一般是3~7天，多数人是4~5天，其中第二天、第三天的出血量会比较多一些。接受拥抱这个"新朋友"吧，这是一种正常的生理现象，以后每隔一个月左右，它便会如约而至，和你相会。

卫生巾选择什么样的好呢

今天，妈妈带着晗灵来到了购物超市，帮助她挑选卫生巾。

超市货架上两排都摆满了各种品牌、不同类型的卫生巾，看得晗灵眼花缭乱。

要不是妈妈帮助，晗灵肯定不清楚到底如何挑选和购买。

"嘿嘿，如果是让我选，我就选包装最好看的。"晗灵说出了自己的看法。

妈妈随手拿过来几包不同的卫生巾给她："你看，这几种卫生巾，它们的特点各有不同，有带护翼的，有不带护翼的；有日用的，也有夜用的；有的是超薄型，也有的是丝薄型。"

啊！原来看似很平常的卫生巾，居然有这么多的讲究呀。刚开始晗灵还觉得有点奇怪，听了妈妈的讲解之后晗灵才明白，一般月经在开始和快结束的时候，流血量是不一样的，所以要根据不同的情况来选择不同的类型。

"晗灵，你看，这些卫生巾的外包装都写明了长度和厚度，也是为了方便挑选更适合自己的。"妈妈指着包装上面标注的规格标准给晗灵看。

就这样，妈妈一边给晗灵讲解，一边帮助她挑选。

"妈妈，我们一次性多买一些吧，这样就省得以后再买了。"

"不可以哦。"妈妈说，"卫生巾一定要用新鲜的。"

新鲜的卫生巾？晗灵觉得老妈真搞笑。

"卫生巾的卫生要求是非常严格的，离生产日期越近，质量就越有保证。一般的卫生巾是通过高温消毒的手段来达到无菌的，而一次性消毒灭菌的有效期毕竟有限，超过了期限也就没有无菌的保障了。如果卫生巾贮藏的时间太久，即使不拆封也会变质、污染，所以不能一次性买太多。"

嗯，妈妈讲的，还都是很实用的知识呢。

相信青春期的女孩了解了不少关于卫生巾如何选购的知识了吧。不过还有一些事情需要注意，你要看仔细了啊。

1. 对于药物卫生巾，应谨慎购买使用

药物卫生巾可以对女性的私处起到保护的作用，防止妇科疾病的发生，但并不是对每个人都适合。因为每个人的体质差异很大，有些人的皮肤接触到某些物质就会引发感染。

2. 卫生护垫不要经常使用

月经期的前后几天，卫生护垫不失为一种方便、实用、清洁的选择，但有的人习惯用卫生护垫，即使不在经期，也要保持垫护垫的习惯，觉得这样比较干净卫生。其实这是一个误区，因为娇嫩的皮肤需要一个非常透气的环境，如果封闭得过于严实，使湿气聚集，就容易滋生病菌，造成各种健康问题。

3. 在月经期间，卫生巾一定要经常更换

因为经血中有丰富的营养物质，容易滋生大量的细菌，所以要记得经常更换。用过的卫生巾，千万不要丢到马桶里啊，把它包好放到垃圾箱里吧。

如何摆脱失眠的困扰

哎呀！又要英语考试了，晚上不可以睡觉，背背背！

碧春平日里最不喜欢学习的是英语。碧春的一位同学也很有同感，还总是说："碧春，英语那么难，该怎么学啊？"不过，说归说，眼看着转天就英语考试了，不背不行啊。背单词、背句式、背课文……还有就是，把以前做过的题再看一遍，如果万一能碰到原题呢。那天晚上，碧春熬夜到凌晨3点多。

经过碧春的奋发努力，考试总算是顺利通过了，但是后患无穷——从此以后，碧春每天晚上都无法安然入睡。

"教给你一个好方法。"碧春的一个同学对她说道，"你在睡觉之前，捧本书看，记住要捧本没有意思的书看，这样很快就困了。"

其实这种方法碧春早就试过的，根本就无济于事。就这样度过了不知道多少个夜晚，碧春的脸色逐渐变得蜡黄，精神也越来越差，白天也没有办法集中注意力听课，别提有多难受了。

怎样才能摆脱自己的不眠夜呢？这个问题，碧春决定要问问妈妈。碧春详细地把自己失眠的情况告诉了妈妈，当妈妈耐心地听了碧春的陈述之后，告诉她说："碧春，一定是你前段时间把生物钟打乱了，所以最近才总是失眠。女孩在进入青春期以后，身体状态会发生极大的变化，体内原有的生物节律被打乱了，你可能会在一段时间内晚上躺在床上翻来覆去睡不着。其实，等到你身体中的生物节律恢复平衡之后，失眠自然就会消失了。"

"你睡不着的另一个原因还可能是：发现自己失眠之后，心情异常紧张，结果越是担心就越睡不着，越是睡不着就又越担心，形成了一种恶性循环。"

碧春听了妈妈的解答之后，又问道："那您能不能先买一点安眠药给我？这样的话，在等生物钟调整好之前我也可以安心睡觉了。"

"碧春，你还这么小，千万不要想着吃安眠药，安眠药服用的时间过长，也会有依赖性。你所需要做的事情就是使大脑放松，这远比安眠药管用。只要大脑放松了，你就会自然而然地睡着了。"妈妈耐心地说道。

碧春这天晚上要试着放松一下大脑，争取做个好梦。

人的一生大约有1/3的时间都是在睡眠中度过的，睡眠对于人体的意义，就像呼吸和心跳一样重要。但是，有很多女孩也和碧春一样，受到失眠的折磨。

对于失眠的原因，有些专家曾经做过分析，有五大因素造成了失眠：

（1）身体素质不同。大多数习惯失眠的女孩在体质上天生比较柔弱。由于体质较为敏感，对外界事物的变化也就会敏感，造成情绪变化较大。她们往往遇事容易激动或惊恐，多思多虑导致失眠。

（2）精神状态不同。当精神受到外界的刺激或干扰时，最容易导致失眠。比如，女孩和爸爸妈妈之间或者和同学老师之间遇到某些不愉快，发生争吵以后，常常会使女孩多思多虑甚至过度担心，从而打乱正常睡眠，甚至引发失眠。

（3）某些疾病影响。如果女孩在患病或手术之后身体虚弱，也会导致失眠。此外，睡眠不好也常常是抑郁症、焦虑症等精神疾病的症状。

（4）药物的副作用。抗精神病药、抗抑郁药、抗焦虑药或安眠药，以及一些扩血管药、抗生素、抗结核病药等，都有可能引发失眠。

（5）睡眠环境不同。如果家庭周围的环境经常有噪声，就容易引发失眠。比如，夜间施工就很可能会影响到睡眠。

避免上面这些容易导致失眠的因素，可以帮助你把失眠的可能性降到最低。还有几个小建议，可帮助你养成良好的睡眠习惯。

（1）在睡觉之前不要喝咖啡、茶等含有咖啡因、茶碱等成分的饮料。晚餐的时间不可以太晚，而且晚上尽量少吃油腻的食物，这些好习惯将有助于你睡眠质量的改善。

（2）最好是在白天保证有一定的运动量，让自己有适度的疲惫感，这样可以使夜间的睡眠度更深。大部分的失眠患者都是由于精神活动超负荷，而体力活动不足导致的。

（3）在睡觉之前泡个热水澡，或者也可以用热水泡泡脚，都有助于睡眠，使人更容易入睡。

（4）如果白天在学校里遇到了烦心的事，到了睡觉的时候就不要再想了。在睡觉之前让自己的心情保持平静，听听令人舒缓的音乐，能够帮助你更快进入梦乡。

（5）在日常生活中最好不要在床上做其他的事情，比如不要在床上看书、打电话、看电视，如果经常在床上进行活动的话，会破坏定时睡眠的习惯。

（6）最好不要错过最佳的睡眠时间，如果错过了这段时间再入睡的话，很容易导致半夜睡不安稳、醒后疲劳，致使睡眠质量下降，从而引发失眠。

女孩也会神经衰弱吗

　　眼看着重要的期末考试就要来临了，可是林蝶根本就没有心思学习。因为从这个学期开始她迷上了武侠小说，晚上回到宿舍总是急不可待地翻开看，那样引人入胜的故事情节，相信任何人都很难拒绝。由于看了太多的小说，林蝶的学习时间被大量地占用，以致很多功课亮起了"红灯"。

　　老师不得不把林蝶叫到办公室："林蝶，我们可要好好学习，你看班上的学生里面，哪有像你这么乖巧规矩的小孩啊。"

　　林蝶曾经是个好学生，而且十分文静。

　　是啊，从办公室走出来的那一刻，她就发誓：一定要把成绩追上来！但是，林蝶发现自己再想进入学习的状态就很难了，而且最近每天晚上都要躺在床上很晚才能睡得着，即便是睡着了也总是做梦，醒来会觉得很累。这种状况一直持续了很长时间。可能是因为这些，林蝶的头老是觉得发胀，上课的时候也是昏昏沉沉。平时与人交谈的时候还总觉得自己语句混乱，语气变重、烦躁，还很容易着急。

　　妈妈好像发现了林蝶的异常，那天还跟她说："林蝶，看你这几天不太精神，话也变少了，不像从前那样爱说爱笑，脾气突然又变得这么暴躁。你是不是不舒服，或者有什么烦心的事呢？"

　　这实在不是林蝶愿意的啊！

　　看到林蝶这副憔悴的样子，妈妈好像也有几分难过，她买来很多健脑的补品，但是林蝶吃了之后还是一点效果都没有。

　　以前当林蝶感到劳累的时候，只要稍微休息一下或者睡一觉还觉得可以调整过来。现在却不是这样，越休息反而越想休息，睡觉睡得越多反而就更想睡觉。当她强迫自己坐下来学习或是做作业的时候，也常常注意力不集中，因而感到特别吃力。不仅如此，林蝶还经常会感到疲劳无力，经常忘记要做的事。

妈妈实在没有办法，带着她去看医生，体检没有发现任何异常。经过医生的诊断，确定林蝶有一些神经衰弱。

"我也不大，怎么会是神经衰弱？"林蝶很不服气，气呼呼地问妈妈，"神经衰弱不是中老年人才有的吗？"

"林蝶，相信医生的话，你要学会放松自己的心情啊。"

神经衰弱是长期过度紧张造成大脑的兴奋与抑制机能失调。有很多女孩由于工作与学习的负担过重，或者是因为长期的心理冲突、压抑得不到解决，大脑机能系统功能失调，引发神经衰弱。

当女孩患了这种神经衰弱的病症以后，就会表现得情绪不稳、失眠、乏力、郁郁寡欢，对极其重要的事情会感到茫然，对声音极度敏感，甚至轻微的声音也会惊恐得心跳、冒汗。

神经衰弱也是一种常见的心理神经疾病，在青少年和青年知识分子求学与就业期间，发病率远比其他神经疾病要高。

一个人在成长的过程中，心理上的变化大多得益于对自己与社会的正确认识，并及时地进行心理调适。所以，面对神经衰弱，首先要认清它的本质和发病原因，然后树立生活和学习的信心，把消极的情绪转变为积极的情绪。在日常的生活中，改变不良习惯、加强体育锻炼、作息时间有规律，不仅可以有助于克服神经衰弱，而且有利于神经衰弱的预防。

我是不是得了焦虑症

晶晶最近比较烦，比较烦，比较烦。

"晶晶，全市数学竞赛，老师已经帮你报名了，这个周六要记得去参加。"数学老师和蔼的笑容中透出了期待。

"嗯，谢谢老师，我一定争取拿个好成绩。"晶晶嘴上这么说，其实心里别提有多郁闷了。因为，这个时候，她还要同时准备一场朗诵比赛。

调节一下，换个彩铃吧："学校的生活实在太枯燥，我学学这个学学那个忙得不得了；我的烦恼又有谁能知道，学得太累学得太多消化不了。"

晚上12点了，爸爸妈妈都已经睡觉了，而晶晶却在灯下苦苦进行"题海战术"。外面施工的声音隆隆不绝，恰巧这个题目无论如何就是想不出来。

晶晶一时气不打一处来，皱紧了眉头，咬着笔杆，抓着头发……终于忍不住了，把手中的笔使劲地摔在桌子上。心里突然产生了强烈的怨恨：都怪老师不好，一点都不体谅我们这些做学生的，交代给我这么多事情，叫我做得完吗？外面的人也太缺德了，这都晚上几点了，还制造这么大的噪声，还让人休息吗？讨厌！还有，爸爸妈妈也是，根本就不应该把我送进这所学校来。总之……一切都很令人生厌！

过了半小时，终于安静下来了，外面也不吵了。晶晶洗洗脸，准备清醒一下再重新想想这道做不出来的题目。可是，墙上的钟表却一直"嘀嗒、嘀嗒"响个不停。烦人！这个钟表的响声也太大了啊！扰乱了晶晶的思路，真讨厌。算了，还是去睡觉吧。晶晶关上了台灯，"飘"

到自己的小床上睡觉，可无论怎样就是睡不着。她翻来覆去，很长时间过去了还是睡不着，于是就使劲地踢被子，床上发出"嘎吱""嘎吱"的声音。

半夜的时候，妈妈醒过一次，顺便来到晶晶的房间看看她。这时晶晶还没有睡着，看到妈妈来了，不禁带着哭腔说："妈妈，我睡不着啊，难受死了。"

妈妈看到晶晶这个样子，温柔地拍拍她："晶晶，恢复平静的情绪，你很快就可以睡着了。"

晶晶暴躁的脾气缓和了下来，和妈妈说："我要准备朗诵比赛，还要准备数学竞赛，这个周末还有考试，每天作业又这么多，想起来就觉得头都炸了啊。"

"嗯，妈妈知道晶晶很辛苦，不过事情要一件一件来处理，我们只要尽力了，就不要去想结果，抱着这样的态度，最后的效果可能会更好的。如果你听妈妈的话，就先冷静下来，不想这些事情，只管好好睡觉，明天早上起来我们一起制订一个合理的学习计划，好不好？"

妈妈的话就像一颗定心丸，让晶晶瞬间感觉放松了许多，真的不一会儿就睡着了。

青春期是焦虑症的易发期，在这个时期个体的发育加快，身心变化处于一个转折点。随着第二性征的出现，可能有些女孩对自己的体态、生理和心理等方面的变化，会产生一种茫然感，甚至不知所措。好奇和不理解往往会出现恐惧、紧张、羞涩、孤独，引起自卑和烦恼，还可能伴有头晕头痛、失眠多梦、眩晕无力、口干厌食、心慌气短、神经过敏、情绪不佳、体重下降和焦虑不安等症状。

青春期焦虑症可能会严重地危害青少年的身心健康，你要相信自己能够战胜它。如果长期处于焦虑状态，会致使神经衰弱，所以必须及时予以合理干预。一般是以心理干预为主。

1. 暗示疗法

自信是治疗青春期焦虑症的必要前提，要暗示自己树立信心，正确认识自己，坚信通过治疗可以完全消除焦虑。通过暗示，每天多一点自信，焦虑程度就会降低一点，同时又反过来使自己变得更自信。通过这种良性的循环，就可以摆脱焦虑症的纠缠。

2. 深度松弛疗法

如果能够学会自我深度松弛，就会出现与焦虑症相反的反应，自我深度松弛对焦虑症有显著的疗效。比如：患者在深度松弛的情况下想象紧张情境。首先出现最弱的情境，重复进行，患者会慢慢在想象出的任何紧张情境或整个事件过程中，都不再体验到焦虑。

3. 催眠疗法

如果因焦虑而有睡眠障碍怎么办呢？难以入睡或从梦中醒来的时候，如果想恢复平静，可以进行自我催眠，比如可以闭上眼睛，进行自我暗示："我现在躺在床上，非常舒服……我现在开始做腹式呼吸……呼吸很轻松……我的杂念开始消失……我的心情平静了……眼皮已经不能睁开……手也很重，不想抬了，也抬不起来……我的心情十分平静……我困了……我该睡觉了，我能愉快地睡着……明早醒来，我的心中会非常舒畅。"你可以试试，也许会很管用。

我得了"健忘症"

英语对乐乐来说是个老大难，这是公开的秘密，英语单词她就是记不住，无论背多少遍都不行。

fox 还是 box？

masic 还是 basic？总之，乐乐总是分辨不清。

无数个临考试的早上，都可以看到乐乐在教室里埋头苦背的身影。一个小小的单词，任凭乐乐多么努力，就是记不住。所以，乐乐给自己下了个论断：自己的记忆力不是很好。

而且，近来乐乐发现自己的健忘情形越来越严重。

那天下午，妈妈对她说："乐乐，家里没有醋了，去帮妈妈买一瓶，好不好？"

"好吧。"乐乐立即换好衣服，心里美滋滋地打着小算盘，心想可以捎带着给自己买点零食回来。

到了超市里，乐乐先跑到零食货架那儿，她平时最喜欢吃果冻，就拿了一盒。"啊，对，还有酸奶。"乐乐又直奔乳品区，提了一包"大果粒"，买完果冻和酸奶之后，乐乐又看到新口味的巧克力派在促销，乐滋滋地就过去拿了一包。

看着自己收获满满，乐乐准备结账回家了。

"好像不对哦，妈妈让我来干吗？"乐乐自己心里嘀咕了好半天，才想起来：对啊，妈妈是让自己来买醋的啊！

咳！怎么把正事忘了，多亏及时想起来了。

乐乐从前听说过只有老年人才会患健忘症啊，为什么像自己这样的小孩子也有健忘症呢？

这个问题，也许妈妈会告诉自己吧。

健忘可能是由于性格马虎造成的，其实只要做什么事情都能养成细心的好习惯，你的"健忘症"会很快"痊愈"的。

此外，记忆也是心理过程的重要组成部分，所以平时不要老是对自己说："我的记忆力差，我的记性不好。"如果你经常给自己这样的心理暗示，相信用不了太长的时间你就会真的很爱忘事。

下面介绍一些帮助青春期女孩恢复、提高记忆力的方法，希望你们好好去调整，把"健忘"的帽子甩掉吧。

（1）培养积极健康的生活方式，平时要有规律地生活。

（2）正确进行自我调节，注意保持乐观的情绪和积极向上的心态。

（3）把物品放在固定的位置，使用后放回原处，对于一些重要的事情可以采取用笔记录的方式，养成良好的生活习惯。

（4）造成记忆力下降的元凶之一是甜食和咸食，多吃含维生素、矿物质、纤维质丰富的蔬菜水果可以提高记忆力。记住，像玉米、小麦、黄豆、蘑菇这些食物对提高记忆力很有帮助，要多食用。银杏叶提取物可以提高大脑活力和注意力，对记忆力也有一定的帮助。至于咖啡，它可以在短时间内使大脑兴奋，如果需要我们集中注意力、记忆力做事，可以事先喝一杯咖啡。

（5）对新鲜事物保持浓厚的兴趣，敢于挑战自己。平时可以开展一些益智的活动，比如下围棋、象棋等，可以使脑细胞处于活跃状态，从而使人的记忆力保持良好的状态。

（6）良好的情绪可以帮助神经系统与各个器官、系统的协调统一，使机体的生理代谢处于最佳状态，从而增加大脑的活力，对提高记忆力颇有裨益。

（7）适量的体育运动可以调节和改善大脑的兴奋与抑制过程，能促进细胞的新陈代谢，使大脑功能得以充分发挥，延缓大脑衰老。

（8）大脑中存在管理时间的神经中枢，即我们常讲的生物钟，所以工作、学习娱乐以及饮食要有一定的规律，以免造成生物钟的紊乱、失调。尤其要保证睡眠的质量和时间，睡眠使脑细胞处于抑制状态，使消耗的能量得到补充。

（9）探索一些适合自己的记忆方法，将一定要记住的事情写在笔记本或是写在便条上，外出购物或活动时列一个单子，将必须处理的事情写在日历上，等等。

起居生活谨防意外

炒菜要小心

今天是妈妈的生日，心怡走过来对妈妈说："今天我要炒一道菜给妈妈吃，好不好？"妈妈听了之后，很高兴地答应了。心怡找来一本菜谱，决定给妈妈做一道炸鸡翅。心怡按照书上介绍的方法来操作：首先把油放在锅里，然后在等待油热的过程中，去找来盘子还有需要用到的调料……

正在心怡忙得不亦乐乎的时候，她听到炉灶那边有一阵"噼里啪啦"的声响。心怡急忙跑过去看，谁知铁锅居然烧着了。

"妈妈！妈妈！锅烧着了！"心怡不禁惊慌失措，大声喊道。

妈妈听到了心怡的叫声，赶忙从屋里跑了出来，急忙拿过来锅盖扣在锅上，又及时把煤气关掉。这时她看到心怡正在用大盆接水："心怡，你要干吗？"

"用水把火扑灭。"心怡说道。

"千万不可以这样做，那样的话火苗会一下蹿得更高。"妈妈告诉心怡说，"让火苗在锅里隔绝氧气而自动熄灭，是最好的方法。这些都是常识，你一定要记得啊。""嗯。"心怡不好意思地点点头，原来做顿饭这么困难。

心怡忽然感受到，平时三餐都是妈妈来料理，其实是一种多么大的付出。

家庭日常食用油，无论是植物油还是动物油，都属于可燃液体，在锅内被加热到450℃时会发生自燃，火焰一下蹿起来很高。根据食用油的这种特性，炒菜时要先把菜洗净切好，然后在锅里放上油，看见锅里有热气，就把菜放下去炒，免得时间过长油在锅里起火。

现在有不少人为了炒菜好吃，总要等到锅里的油冒烟才放菜去炒。这样的做法有两大危险：一是油温过高容易起火；二是油锅里散发出来的气体有害，过多地吸入容易致癌。当遇到油锅起火时，首先一定要保持沉着冷静，迅速采取补救措施：

（1）用锅盖来灭火。用锅盖或能遮住锅的大块湿布、湿麻袋等物，朝前倾斜着遮盖在起火的油锅上，使燃烧着的油火接触不到空气，便会因缺氧而立即熄灭。这种方法相对简便易行，而且还使锅里的油不会被污染，我们也不会被火伤害。

（2）将食物倒入锅内。拿起旁边可以下锅的蔬菜、米面或其他生冷食物，沿着锅的边缘倾倒入锅内，利用蔬菜、食物与着火油品的温度差，使在锅里燃烧着的油温度迅速下降，因为当油品达不到450℃的燃烧点时，火就自动熄灭了。不过在使用这种方法时要防止烫伤或油火溅出。

要警惕的是，油锅着火千万不能用水进行灭火，这种方法极易引发火灾。比如用冷水往油锅里浇，当冷水遇到高温的热油时，就会发生"炸锅"的现象，使油锅里的水到处飞溅，这样极容易形成火灾或造成自伤。另外，如果用双手端起着火的油锅，再把油锅放到旁边的水池里，不仅会烫到双手，而且更可怕的是油火遇水会反蹿上来，烧伤人的面部。

用蚊香灭蚊，小心别酿成火灾

妍妍最讨厌过的就是夏天。因为夏天不仅气温高，而且还会有讨厌的蚊子在旁边发出"嗡嗡"的响声，经常搅得妍妍整个晚上睡不好。这天，妍妍躺在床头旁看小说，正看得饶有兴致，就听见旁边一阵阵"嗡嗡嗡嗡"的声音。哎呀！又是该死的蚊子，讨厌！妍妍不想让这些蚊子扰了自己看书的雅兴，只好下床找来一盘蚊香，点燃放置在床旁边，安心地再继续读书。不知不觉中，妍妍居然躺在那里睡着了，手中的书也掉落在了地上。隐隐约约中，妍妍闻到了一股很呛鼻的味道，一下子惊醒了，睁开眼睛看周围出了什么状况，而眼前的景象简直让她不敢相信：掉落的书正好掉到蚊香旁边，被蚊香头点着了，都已经烧掉一个书角了……

多亏妍妍及时醒来，否则的话后果一定不堪设想。

看来，以后点蚊香也要注意安全。

炎热的夏季，许多家庭需要点蚊香。蚊香的火头很小，往往不会引起人们足够的重视。而事实证明，如果在点燃蚊香的时候不注意防火，也会酿成火灾，甚至会造成不可挽回的局面。曾经有人说得好，"三九留心火炉，三夏留心蚊香"。

蚊香引起火灾的主要原因是蚊香安放的位置不妥。有的人把点燃的蚊香直接放在地板、纸片上，有的人把它放在靠近蚊帐、窗帘、被服、家具等可燃物品的周围，甚至放在了床头。一旦蚊香倒下来，或者在附近的可燃物品碰到蚊香，就有可能发生火灾。

一支已经点燃的蚊香，在焰心部位的温度最高可以达到200℃~300℃，这样的温度远远超过了家庭日常用的棉布、纸张、木材等物品的点燃温度，因此不能因为蚊香的火头很小而麻痹大意。

点蚊香时需要注意以下几点。

（1）点燃的蚊香一定要放在金属支架上或金属盘内，而且要与桌、椅、床、蚊帐等可燃物保持一定的距离。

（2）点燃的蚊香要放在安稳的地方，保证不会轻易被人碰倒或被风吹倒。

（3）如果室内有易燃的液体（汽油、酒精等）或可燃气体时，不宜在室内点燃蚊香。

（4）在睡觉之前注意检查点燃的蚊香放置的位置是否合适，周围是否有不该放的东西，在确保安全之后，方可去睡觉。

触电了怎么办

豆豆拿来一个大号的锥子向莉莉炫耀:"莉莉,你猜这个是什么?""改锥。"豆豆笑笑摇摇头,"这个不是普通的改锥,它有一个学名叫试电笔。"莉莉又看了一下:"就是一个改锥啊。"

"它是观测电源是否有电的工具。"豆豆继续说道。

"嗯?"莉莉看看豆豆手里的那个家伙,问道:"怎么玩?"

"来,我给你做示范。"豆豆拿着这个锥子就往电源里面戳。

会不会很危险?莉莉心里直打鼓。

"豆豆,别玩了,我也不想看,太危险了。"莉莉着急地阻拦住了豆豆。

"嗯,那好吧。"豆豆看着莉莉很担心的样子,也就不再试验了。

触电极其危险,所以在日常生活中应该特别注意用电安全。生活中,针对随时可能出现的触电现象,你需要掌握以下应对方法。

如果遇到了触电者,首先要帮助触电者脱离电源。若在室内,则应立即切断电源;若在室外,电源无法切断,则应用木棍将电线挑开,或用干的衣服将触电者拉开。

当触电者脱离电源后,应根据其不同情况分别采取不同的紧急救护措施:若触电者尚未失去知觉,还有呼吸和脉搏(心还在跳),则应立即设法把触电者送往附近医院救治;若触电者已失去知觉,但呼吸、心跳都没有停止,应在通知医院抢救的同时,将触电者放在平坦、空气流通的地方,然后让他嗅阿摩尼亚;同时可向触电者的身上洒些冷水,再摩擦他的全身,使其全身发热。一旦发现触电者呼吸困难,呼吸逐渐变弱，或者断断续续有痉挛现象出现，应立即为他进行人工呼吸。否则，触电者会很快死亡。

最后，要提醒你们的是，在用电过程中一定要注意保护好自己的生命安全。一旦发现有人触电，切不可慌乱无措，应按照以上步骤对其进行紧急处理，这样能够最大限度地保障他人的生命安全。

害怕宠物咬我

有一个孤寡老人张大妈就住在花花所在的学校旁边，由于没有亲人，她只好养一只大花猫来解闷。那只猫很乖，跟随了张大妈很多年。那天花花放了学，和同学一起去看张大妈，捎带着去看看那只大花猫。已经很长时间没有去看望她了，张大妈看到有孩子们来看望她，特别高兴，热情地把花花她们让进了屋。两个孩子坐在那里和她聊了起来。不一会儿，大家就听到院子里传来了一阵阵的猫叫声，忽高忽低，持续不断，她们两个人都好奇地走出去看。原来，大花猫在和另一只猫弓着身子相互号叫，它们是不是要决斗？

"张大妈，它们是不是要决斗？我们帮帮它吧，我去找块砖头，把那只猫轰走。"

张大妈看了一眼，笑着对花花说："没事，它是在和别的猫玩呢，如果打扰它，它会不高兴的。"

花花不死心，还是出于好奇，她拾起一块小石子向另一只猫砸去。谁知，这只大花猫居然不高兴了，回头冲着花花拼命地号叫，并且去追她的好朋友。

"花花，不要再打扰它了，否则它会把你咬伤的。"张大妈着急地呼唤花花。

原来这么温驯的花猫也有脾气，让它好好玩吧，花花看到这样，也就不再打扰它了。

一般的情况下，宠物是不伤人的。但是如果它被你逗着玩耍而失态时，或者当它在发情期与异性玩耍而遭到干涉时，就会伤到人。

　　所以在饲养宠物的时候，不仅要掌握它的特性，而且还要在它玩耍的时候注意它的脾气，以防伤人。过去在农村很盛行养狗养猫，目的是看门、防贼、捉老鼠。近年来，城市也刮起了一阵养狗风，多数是观赏犬狮子狗、哈巴狗等。在城市里，人们养狗的目的主要是互相陪伴，也有用作看门护院的。当然，无论是出于何种目的、养什么样的狗，都应该防范伤人。特别是当你独自一人与宠物相处的时候，要格外注意不要被宠物伤害。关于这方面的教训实在是太多了：有的是在家玩狗而被咬伤；有的是在家纠正宠物的不良习惯遭其伤害；有的是在喂宠物食物的时候被咬伤……诸如此类，数不胜数。

　　为了家庭成员和社会的安全，我们在养宠物的时候务必做到：

　　（1）每年定期到兽医站为宠物注射疫苗；

　　（2）注意在喂食的时候安全操作，不要用手直接喂食；

　　（3）不要用手或脚来逗弄宠物，以免受到伤害；

　　（4）保持宠物的清洁卫生，防止传染病。

自己拉响安全警钟

"当当当"屋外有人敲门，却不说话。

"是谁？"妮妮问了一句，当时屋里只有妮妮一个人，可是外面没有人答话。

有个神秘的人拧开了妮妮家的防盗门，直接敲妮妮家的木门。

糟了，妮妮这才想起来妈妈出去的时候她忘记锁防盗门了。"当当当"声音听起来这样刺耳。可是这个人到底是谁啊？妮妮躲在屋里，有点害怕了。她再次鼓起勇气大喊一声："你到底是谁啊？"

可奇怪的是外面那个人仍然不说话。

妮妮心想让他在外面敲门吧，不理他就是了。可是，如果这个人把家里的门撬开了怎么办？妮妮一个人在屋里，越想越害怕。情急之下，妮妮马上拨通了妈妈的电话：

"妈妈……防盗门没有锁……有个人在一直敲门不说话……我害怕……他在撬门。"

"妮妮，你冷静一点。我就在楼下，马上回家。"

原来，妈妈正在回家的路上，而且已经就在楼下了，妮妮心里一下踏实了，跑到门口听听一会儿妈妈会和那个神秘的人说什么。

"请问您找谁？"不一会儿，妮妮就听到了外面妈妈的声音。

那个人依旧不说话，不知在外面做什么，然后就走了。

妈妈在外面喊："妮妮开门吧。"

妮妮打开门，马上就问妈妈："刚才外面的那个是个什么人，吓死我了。"

"他是个聋哑人，只是想讨一点钱，没有别的恶意。"

妈妈向妮妮说道，"不过，妮妮你这样做是对的，对待陌生人一定要多几分防备才行。害人之心不可有，防人之心不可无啊。"

"小妹妹，我是修水表的。你爸妈打电话让我现在过来，给我开门吧。"

"小同学，你看，我手机没电了，我又急着找我儿子，他在上大学，我找他有急事。你手机借我用一下行吗？用完了就还你。"

很多情况下，我们往往是不假思索地就相信了对方，开了门、递给对方手机，而却没有意识到要保护自己，这不能不说明我们自我保护意识太过于薄弱。

1998 年 11 月 18 日是"流星雨之夜"。凌晨 3 点多钟，一位 14 岁的女中学生马某和她表弟在看完流星雨回家的路上，遇到了罪犯庞某。庞某自称是联防队员，要查看马某的证件。当马某的表弟被支走回家取学生证时，庞某以去派出所为由将马某带上出租车，随后诱骗到一公园内隐蔽处，猛然将马某摔倒在地，并用木棍殴打马某的头部，见马某昏死过去，便对其进行流氓活动。当庞某发觉马某已经死亡，便用草覆盖尸体后逃逸。

据庞某交代，他将马某带走的路上，曾不止一次遇到行人，当时他心里很紧张，但马某并没有呼喊求救。另外，罪犯遇到马某姐弟的地方，离马某的家不过 300 米！距离凶案现场却有很长一段路程，庞某还打了一辆出租车。事后据那位出租司机反映，当时马某是自己打开车门上的车，一路上，她也一直没有向司机示警或求救。那位司机说："这个小姑娘死得太可惜了，其实当时只要她有一点暗示，我肯定会帮助她。"

女孩的死给我们以警醒，这样的事例不在少数，这其实在警醒社会要提升治安保护的同时，也要求我们一定要时刻提高警惕，并增强观察、识别能力，不被坏人的甜言蜜语所迷惑，谨防上当受骗。不光如此，我们还要学会在适当的时机与歹徒巧妙周旋、斗智斗勇，尽力保护自己，以增强感性认识和自我保护能力。如何帮助自己树立强烈的自我保护意识并尽可能地实行自我保护呢？不妨从以下几个方面做起。

（1）遇事要冷静，不要让所谓哥们儿义气害了自己，也害了朋友。学会拒绝不正当要求，坚决不与坏人同流合污。

（2）不要随意泄露个人及家庭情况，以免被不法分子利用。

（3）独自在家时，不要给陌生人开门。如有人撬门爬窗，应立即大声呼救或打电话报警。

（4）平时尽可能多地学一些法律知识，学会用法律武器保护自己的合法权利。

（5.遭到严重暴力侵害时如绑架、劫持、伤害等，一般不要与其硬拼，但更不要吓得不知所措，屈服于恶势力。这时要镇静、机智地与之周旋，以寻找机会脱身并报警。

生活有美好、阳光的一面，但生活中也处处存在危险。我们正处于成长时期，阅历相对简单，社会经验相对不足，鉴别是非的能力也较弱，所以更应该加强自我保护意识，从而将伤害降低到最小。

校园安全要重视

遭遇"校园霸凌"怎么办

著名作家周德东曾叙述过关于女儿避开"小霸王"的一个故事：

美兮放学时告诉妈妈，学校里有一个"恶魔"男孩，9岁，总会无缘无故地打人，出手很重，大家都惧怕他。每个被他揪住的女孩子，都会吓得大叫。

美兮一直在刻意躲避他。可是，今天在操场，美兮还是被他一把揪住了辫子！美兮说："妈妈你知道吗，我没哭也没叫，我笑着用英语跟他说'我们是朋友'我慢慢地说，重复了三遍。然后他就放开手了，我还跟他笑着聊了几句。等他离开后，我们班的女孩子都冲我竖大拇指，说：'美兮你真棒！'"

聪明的美兮重复"我们是朋友"这样简单的话，最终暴力男孩松开了手。试想，即使是一个很凶狠的人，也断然不肯欺负自己最好的朋友。从某种程度上来说，女孩结交朋友也是一种保护自己的明智之举。

欺负和被欺负，是近来校园里的热门话题。很多家长害怕女儿在学校里被其他学生欺负，便在日常生活中训练女孩的"冒险"精神。其实比这种方法更有效的是鼓励女孩结交更多的好朋友。

预防是一方面，但是现实中若真的遇见霸凌者，首先不要害怕，勇敢地应对，可大声呼喊同学和老师，寻求帮助，要随机应变，不轻易妥协。应以人身安全为准则，在寻求解脱困境不成时，可以答应他们的要求，把钱给对方，然后用心记住对方的特征，事后向老师、家长报告。我们要意识到，报告老师、家长并不是什么怯懦的行为，而是勇敢的一种得体形式。

这里有一些方法能够教你如何正确面对校园暴力。

（1）上学放学时最好结伴而行，遇到危险时要团结一致、互相帮助。

（2）不随意花钱，不张扬用钱，在培养勤勉、节俭美德的同时，淡化勒索者的注意力，避免"小霸王"纠缠。

（3）处于险境，紧急求援。当自己无法摆脱坏人的挑衅、纠缠、侮辱和围困时，立即通过呼喊、打电话、递条子等适当办法发出信号，以求民警、解放军、老师、家长及群众前来解救。

（4）千万不要跟对方"私了"，不要私下一个人赴霸凌者的"约会"，以免遭到他们的伤害或长期欺压、纠缠。

面对校园"小霸王"，不要硬碰硬，这样往往容易使自己吃亏甚至受伤。面对校园暴力，要不卑不亢，机智应对。即使自己真的应付不了，那也不是自己的错，不需要隐藏，一定要及时寻求家长或老师的援助，多与他们沟通交流自己的经历和想法，这样才能让自己尽快地走出困境。

戒除网络游戏

"蓉蓉，你在做什么？"看到蓉蓉辛苦地埋头伏案，林林好奇地凑了过去。

"我在写一篇小论文。"蓉蓉推了一下掉下来的眼镜，一本正经地看着林林。

啊？论文？这是上大学才需要写的吧。"那蓉蓉……我问一句，你论的是什么啊？"林林"胆战心惊"地问她。

"是关于网络游戏的。"蓉蓉说道，"我在研究为什么有这么多人会为网络游戏而痴迷。现在有一家杂志社在举行论文大赛，如果得奖了还可以得到一笔不小的奖金呢。"

"那蓉蓉，你是怎样开展研究的呢？"

"这简单，首先是开展调研。在咱们这些同学中，有活生生的例子可以佐证我的观点，林林，你还不知道吧，有的同学把自己的饭钱都省下来了，用来充值玩游戏；还有的同学以'头悬梁'的精神熬夜到半夜两点；还有的同学，玩起了游戏，可以连续忍四小时不去厕所，你说他们容易吗？我就很奇怪，是什么力量在支持他们。所以我要好好研究，好好写，说不定真的会出成果。"

听蓉蓉这样一分析，林林也觉得这个课题很值得研究了。

迷恋网络游戏，犹如利剑高悬在头顶，随时会有灭顶之灾。医学事实证明："网络成瘾症"容易使人产生暴力倾向，致使大脑发育迟缓，分不清现实世界和虚拟世界，没有表情，非常健忘，感情控制能力差，容易突然发怒等；可造成人体神经紊乱，体内激素水平失衡，致使免疫力功能降低，引发心血管疾病、胃肠神经功能病、紧张性头痛、焦虑、忧郁等，甚至导致死亡。

网络游戏又被称为"网络罂粟"，因为它吞噬掉了很多美好的东西。网络游戏的虚拟性、隐蔽性和交互性，致使青少年在网络游戏中能够随心所欲地宣泄自己的情感，做出现实社会规范所不允许的事情。遇到现实问题首先想到用游戏中的规则来认识和解决，无视社会现实和社会习俗。且其大多以"暴力、凶杀、色情"为主要内容，长期玩飙车、砍杀、爆破、枪战等游戏，火爆刺激的内容致使游戏者模糊道德认知，人格异化引发道德沉沦、行为越轨，甚至导致违法犯罪的问题增多。

网络游戏会像吸食精神鸦片一样，致使人丧失理性，脱离法制约束，丧失了人与人之间的真诚，甚至会致使人丧心病狂地抢劫、杀人、谋财害命，最终把自己送上刑场。因此，青少年在思想上首先要筑起牢固的防线，提高明辨是非的能力。

要想防止自己陷入网络游戏的旋涡，应在平时的生活中培养科学、健康的兴趣和爱好，学会利用网络获取知识、获取信息、培养创造力，学会利用网络进行科学研究，学会利用网络资源提高学习效率。同时，要树立科学的闲暇意识和闲暇态度，合理地安排自己的闲暇活动。热爱大自然，忘情于阳光、沙滩、海浪、草地、森林之中，在自然中培养情趣、放松身心。

同学总是嘲笑我怎么办

梦舒是一个看上去还算可人的小女孩，除此之外，她还有一个优点就是——她的成绩很"稳定"——每次考试都是全班倒数第一。每当总结考试的时候，老师就会说："梦舒，希望你以后能够取得进步，不要多，只要前进一个名次，对你而言就是一个纪录。"

课间休息的时候，就会有几个调皮捣蛋的小男生小女生过来起哄："梦舒，这次又是你考倒数第一，你的底盘够重的啊，我们挪都挪不动了。"同学的奚落让原本安静的教室气氛活跃不少，同学们在旁边听到了这些都忍不住想笑出声来，只是那个可怜的梦舒成了大家谈笑的笑柄。这个班里，似乎没有梦舒的话，同学中间会少了很多欢乐。只是这一点都不好玩。不过梦舒很老实，对待大家的奚落，她从来都不还击，有时只是走过去，笑一笑，看上去确实过于柔弱。难道学习成绩差的孩子就理应遭受这种待遇吗？梦舒有的时候也在这样想，觉得实在是不公平不合理。

同学们很少看到梦舒和其他同学在一起玩，因为她知道他们肯定会嘲笑她。

可即便是在课间的时候没有什么事情做，梦舒也不敢在这个时候写作业，因为如果她在学习，肯定会有同学过来奚落她。所以，她只好在课间的时候一个人闭目养神。那天梦舒请同学们吃饭，可能是为了求他们不要再欺负她了吧，那些同学不客气地接受了她的邀请，然后还是一如既往地欺负她。梦舒觉得自己很孤独、很难过，因为在班上没有一个好朋友和她玩，相信她的心内也一定很痛苦、很挣扎……

　　其实每个人都有他各自的优点和缺点，因为觉得自己的成绩差，所以理所应当地接受别人的嘲笑，这就是自己的认识有误区了。人最重要的首先是自己不能看不起自己更不能自卑，要先找到自己的优点，还有就是要正确对待自己的缺点。成绩对于学生来说固然重要，但也不是说成绩就可以说明一切，比如说一个人的品德、能力、素质等，那怎么是单凭成绩可以衡量的呢？班上那些欺负同学的人，成绩虽然比较好，但是能说他们是品德高尚的人吗？他们将来会成为社会上有能力的人吗？当周围的人都比自己强的时候，出于自尊心可能会感到压力，觉得别人怎么都是这样厉害，觉得自己很孤独，好像被抛弃了，其实大可不必这样想，因为每个人都有无限的潜力，只要通过自己的努力，成绩一定会有所提高。有这样一个女同学，起初她的学习成绩特别不好，她的上进心很强，就放弃了很多玩耍的时间，每天在家里暗自努力，最后考上了重点学校。所以首先要对自己有信心，加上付出的努力，才会使人对你刮目相看。

　　还有就是，人生中遇到什么样的挫折都是有可能的，当遇到困难的时候，如果用逃避来解决问题，这一定是最愚蠢的做法。最重要的是不可以自暴自弃，也不要轻易否定自己，不要因为别人的嘲笑而对生活失去信心，在我们周围还是有很多人关心我们的。

老师侵犯了我的隐私权

雨婷平时喜欢上网，而且特别喜欢上论坛网站上去"灌水"。其实论坛是个藏龙卧虎的地方，很多"高人"在论坛上发表自己的言论，所以，一有时间雨婷就会到论坛上面泡着。后来一次偶然的机会，她在论坛上看到了一篇关于古龙小说人物大串烧的帖子，那篇文章写得很精彩，可以看得出作者对古龙的小说有着很精深的研究。巧的是，雨婷也是个古龙小说迷，心想：如果可以和这位朋友多多交流，那多有趣啊。雨婷通过网络认识了这位朋友，而且他给雨婷讲了很多关于古龙及其小说中的很多故事。后来，这位朋友出国了，虽然两个人可以通过网络来联系，但是那位朋友说写信是个更好的方式，因为这样的话雨婷可以得到一些外国的邮票。于是，雨婷就把学校的通信地址留给了他，而且一直期待着他的来信。

那天下午，课间的时候，有个同学过来告诉她说："雨婷，老师找你，快去办公室吧。"

嗯？难道犯错误了吗？雨婷心里琢磨着就来到办公室，只见老师手里拿着一封信，对她说："雨婷，这是你的一封信。老师想提醒你，现在还在求学阶段，其他与学习不相关的事情最好不要去涉及。"

那封雨婷盼了很长时间的带有外国邮票的信，居然在老师的手里。定睛一看才发现，老师居然把她的信拆开了，怎么可以私自拆别人的信件呢？雨婷心里火冒三丈，可是面对老师又觉得不好发作，于是只好对老师说："那是我认识的一个笔友，经常通信讨论古龙的小说。"

老师似乎也没有抓到雨婷什么小尾巴，而且雨婷也根本没有做什么不好的事情啊，只好说："嗯，以后多注意专心学习，和学习无关的事情最好少做，现在本来功课就很紧张，你的成绩还有很大的提升空间。"

雨婷心里很生气，老师居然这样轻易就把私自拆信的行为掩饰过去了，无奈……

老师私自拆学生的信件，虽然是个别现象，但是并非从未发生过。应该说的是，这种行为是违法的、不道德的。但是究其原因，这样做大多是出于无奈，无奈的背后也是对你的关心。因为青少年正处于与同学、同龄人之间发生横向联系的年龄，由纵向年龄到横向年龄的发展是人生中心理发展的正常阶段，也是人长大走向成熟所不可缺少的。老师们也是由于了解到了这个特点，所以才会为你们担心。由于这个年龄的青少年思想活跃，很想独立处理一些问题，但又不免有天真幼稚的一面。横向交友是必要的，但有时把握不好分寸，会出现一些不正常的倾向，比如和社会上不三不四的人或外校不太好的学生建立联系，甚至形成团伙；或者是在校外交了异性朋友，经常有书信往来，耽误了学习；等等。老师担心学生在交友方面出现偏差，影响品德和学习，这种关心是十分必要的，也是老师对学生负责的表现，但是也确实更应该注意方式方法，否则容易适得其反。

要想很完满地解决这个问题，可以有以下的几种方法。

第一，开门见山、直截了当地向老师提出意见，不希望老师这样做。但要注意的是，首先应说明理解老师的心情，理解老师只是采取的方法不好，在谅解的基础上善意地提出意见，我想老师是会接受的。

第二，可以有意识地主动接近老师，常和老师交流自己的想法，使老师能了解你们的思想动向。

第三，从思想上、行动上严格要求自己，树立正确的交友观，如果是不三不四或者底细不清的人最好不联系，把主要的精力放在学习上，以行动让老师放心，这才是最根本的。

无论怎么说，老师私自拆学生的信是不对的，是侵权行为。但我们要从实际出发，具体问题具体分析，要在理解的基础上解决好这个问题。

不懂得如何拒绝别人，怎么办

在很长的时间里，雪莉都有这样的困扰：她从来都不懂得如何拒绝，不知道这算不算是自己的缺点。只要是别人向她提出要求，在雪莉力所能及的范围之内，她都会毫不犹豫地应允。

有时雪莉觉得自己太过于软弱，也有可能是因为她太过于在乎别人的感受，所以在面对别人的请求时，她总是不忍心说"不"。即便别人提出什么无理的要求，她也会答应，事后往往又特别后悔，对此，雪莉的心中也是充满了矛盾，而且曾经不止一次要下决心拒绝别人，可每次面对别人求助的目光，她又一次次地退缩了。有的时候，她会与妈妈倾诉自己的痛苦，而妈妈每次都会给她这样的回答："乐于助人是很好的习惯，但是你也要有你自己的原则啊。有的时候，学会拒绝别人，这是一种技巧。不应该答应别人的事，就要毫不犹豫地拒绝。不是说宽容就是无限制地迁就别人，哪里有这种道理呢？"

"嗯。"雪莉觉得妈妈说的是正确的，觉得有必要试图改变自己，按照妈妈的忠告来处理事情，可是成效往往不大。不过，终于有一天，她做到了，她拒绝了一个无理的请求。虽然它暂时会给雪莉带来烦恼，但她还是觉得自己做对了。

"雪莉，快点把你的作业本给我，我看一道题目。"旁边的同学从她的身边走过，还没有等雪莉来得及反应，那个同学就已经把雪莉的作业本拿走了。雪莉本心不想把作业借给那位同学抄，真的，那个女生每次抄雪莉的作业总是抄得一模一样，连稍稍的改动都没有，老师总是一眼就能看出来。"咦，等等，等等，我还有道题目没有写完。"用这种方法，雪莉委婉地把作业本要了过来。

都是好伙伴，怎么可以直接向人家说"不借"？这种话要雪莉怎么说出来呢？雪莉似乎感觉到了那位同学的焦急和沮丧。这时，妈妈的嘱咐又在她的耳边响起，她深吸了一口气，终于鼓起勇气，咬了咬牙对那位同学说："没关系，其实这些作业很好写，你等我的时间自己就做完了，不信你试试看。"那个同学听出了雪莉话里的意思，觉得很失望，又跑到别的地方借作业本了。

雪莉相信这只是暂时的，她相信早晚有一天，那位同学会明白她的一片心意，她真的是善意。想到这里，雪莉心中的包袱终于卸了下来，这种无愧于心的感觉真好，一下子就变得轻松了。

后来，再遇到别的同学提出什么不合理的要求，雪莉都可以很大方地婉言拒绝了。其实刚开始的那些阶段很难熬，因为她的拒绝在别人的眼中是无情的，有的朋友还曾经渐渐疏远过雪莉，让她感觉有点孤单。但经过了这次借作业本事件之后，雪莉的决心也越来越坚定，她想，真正的朋友是不会因为合理的拒绝而疏远自己的。

正像妈妈告诉她的那样："拒绝不是每个人都可以做得到的，因为委婉的拒绝也需要很大的勇气。拒绝有时不是冷漠，不是生硬，也不是不近人情，相反，它是一片善意，是智慧的体现。"雪莉学会了拒绝，改变了自己的优柔寡断。生活仿佛变得有滋味了，并且对于自己也更加自信。

随着女孩逐渐地长大，人际交往也会越来越频繁，人与人之间也免不了互相照应，助人为乐当然是人的美德。但是，面对所有人的请求，难道你都要答应吗？如果有同学在考试的时候想让你帮助他作弊，你要答应吗？如果有同学想侥幸地不写作业，通过抄袭来蒙骗老师，你要答应吗？有的同学找你借钱去打游戏，你要答应吗？这些事情的背后都会关系到你是否助长了不正的风气，所以需要你的细心体会。说真的，拒绝别人实在不是一件容易的事。可能在你想要拒绝对方的时候，会感到不好意思，所以不敢直白地拒绝，甚至使对方摸不清自己的意思，产生许多不必要的误会，同时也容易给自己心理造成压抑。

学会拒绝，是人际关系中的重要一环，在帮助别人的前提下要考虑自己的能力是否能达到。

在现实生活中，万能的人是不存在的。尽管你的心肠很好，而当他人有求于你的时候，你也只能遵循量力而行的原则，不可以为了帮助他人而给自己找麻烦。如果这件事情你办不到，也不一定能办得好，在这种情况下就要想办法拒绝，而并不是硬着头皮接受下来。人们都有这样一个普遍的心理，当自己的求助被对方接受的时候，也就寄希望在对方的身上。只要你对对方求助的事自知力不能及又不加拒绝，勉为其难，这样不仅会给自己带来种种的麻烦和困扰，还会因为无法把事情办好而耽误对方。勉为其难，本来是出于怕得罪人或者是逞能，结果没有把所接受的事情办好，这样的效果岂不是更糟糕吗？不仅自己觉得没有面子，反而会给人留下"吹牛""自夸"的不良印象。

因此，当他人有求于你的时候，你必须要有自知之明，力所不能及的事情一定要果断、诚实地加以拒绝。这样不仅可以给自己减少麻烦，而且也是对他人负责，以便让对方另找途径解决。

当然，拒绝也要讲究艺术。人家满怀希望、带着自信而来，你却只给人家一个"不"字，岂不是给人家泼冷水？比较好的拒绝方法，还是以诚相告，把话说清楚了，让对方明白你对这件事情确实是无能为力。如果在你坦白了自己"无能为力"之后，能够给他推荐一两个可以帮助他的人，那就更好了。这样的拒绝，好在以诚相告，真实而不虚伪。

外出游玩安全第一

东西要自己看管好

今天馨馨和媛媛一起出门，经历了惊险的一幕。两个人在公交车上原本有说有笑的，这时馨馨突然发现旁边有一个人把手悄悄地伸进了媛媛的包里，而媛媛却毫无察觉，继续和馨馨有说有笑。

馨馨很着急，用眼神向媛媛示意，可是媛媛并没有留心注意，继续讲那个她认为很好笑的故事。她怎么还没有反应？馨馨一着急，拉了她一下："媛媛，我们站这边。"可是媛媛丝毫没有猜到馨馨的意思，还在接着讲她的故事。"媛媛，你的包……"馨馨无奈之下，面对这个木讷的伙伴，只好当面揭穿。如果再不说破的话，估计媛媛包里的东西就要被人顺走了。

媛媛这下才意识到，回过头看了一眼：好家伙，那个人已经翻到了钱包，正在往外拿了。媛媛狠狠地瞪着他："你……"

"看什么看，有什么好看的，哼！"那个人眼看阴谋没有得逞，居然理直气壮地把媛媛训了一通，似乎媛媛是个贼……

在携带物品外出的时候，就要防止他人的抢夺或盗窃。千万不要以为在白天就没事了，那样的想法只能说是侥幸心理在作怪，培养自己的防范意识才是最安全的。如果是把财物放在包中外出，要尽量做到包不离身、包不离手。最好是把包挎在身上，如果是不能斜挎的侧背包，要用手捂住包或用手臂夹住包。如果是手提包，就要紧紧地抓住包，不要松手，防止歹徒趁人不备把包抢走。

骑自行车外出，如果是把包放在车筐里，要记得把包带缠牢在车把上。假如发现了车轮出现故障，首先要把车筐里的包抓在手上，再检查车轮故障，防止坏人趁机拿走你的包。

　　贵重物品的最佳保管方法还是锁在抽屉、柜子里，这样可以最大限度地防止顺手牵羊或乘虚而入者盗走。如果是长时间离开学校，应该将贵重物品随身带走或者是找个可靠的人保管，最好不要留在寝室。如果住在学校宿舍一楼，睡前应该将现金及贵重物品锁入抽屉，防止被人从窗外"钓鱼"钩走。寝室的门也最好能换上保险锁，比较容易翻越的窗户应该加护栏，门钥匙不要随便乱放或丢失。在价值较高的贵重物品、衣物上，最好有意识做一些特殊记号，即使被偷走，将来找回的可能性也要更大一些。现金最好的保管办法还是存入银行。尤其是数额较大的更要及时存入，千万不能怕麻烦。不过，我们正处在上学的年龄，完全没有必要带太多的现金，所以用不到的钱还是放在家里或者交给父母最为安全。

小心"海盗车"

美美和伙伴们在征得了父母的同意之后，利用暑假一起旅游。当他们刚刚下了火车，便有当地的人主动迎了上来，热情地问道："你们是来旅游的吗？我们的旅馆离景区不远，你们出去游玩很方便。我们的收费也不贵，对于你们学生来说是最合适了，怎么样？走吧。"

美美和其他几个同伴合计一下，觉得挺划算的，再说，她们人也不算少，怕什么，于是就打算跟这个人走了。那个人看她们同意了，直接拎起了她们的包放在车上，把她们带上一辆中巴车。

汽车驶进了市区，秀丽的景色出现在眼前，美美她们激动地一阵欢呼。可是没等几个人激动的心情平静下来，汽车又驶出了市区。

"究竟还要开出多远啊，再往前开就到郊区了啊"。美美心里有点着急了。

"马上就到。"那个人说道。

过了很久，车终于停了下来，美美她们下了车一看，中巴车已经把我们拉到了农村，周围一片荒凉。

"你不是说离景区不远吗？"美美发觉自己上当了，很生气地质问他道。

"是啊，这里总比你家离景区近多了吧。"那个人露出了狰狞的面孔。

"走，我们不住了。"美美果断地喊道。

"不住，可以啊。可是交通费你总要付吧。一个人50元，够我收回成本，合情合理。"那个人不紧不慢地说。

这里可是他的地盘，而美美几个人都是人生地不熟，怎么能和他硬碰硬呢？唉！认倒霉算了，以后可不能图便宜了。美美和伙伴们只好乘乖地交钱，下车了事。

　　每当假日来到，可能有很多同学想外出旅游或者到亲戚家做客。当你到达目的地的时候，迎面而来的经常是一大批的拉客者。这时，你可一定要小心谨慎了。在现实生活中，因为轻易相信拉客者的花言巧语而受骗上当的教训实在是太多了。

　　关于这方面的案例有很多，媒体的报道也很多，有的女同学因为轻信了"海盗车"拉客者而被骗到了肮脏的个人小旅馆，遭到他人的无端侮辱；还有的同学被那些拉客者利用威胁、恐吓等手段猛"宰"一刀，致使自己随身携带的现金所剩无几。

　　所以，当我们在没有父母的陪同下外出，对那些拉客者应始终保持清醒的头脑，如果是到亲戚家，那么最好不要理睬那些拉客者而是直奔目的地；如果你是去旅游却事先没有联系好住的地方，那么你应该根据自己的经济状况，选择合适的旅社投宿，那些没有营业执照的"地下旅舍"，切不可住。万一你发现自己被人骗了，也要机智一点，先把他们"海盗车"车牌号记下来，再记下他们旅社的门牌号码或具体位置，随后拨打"110"报警，或者等到第二天，你假装外出旅游，再向有关部门举报。

想敲诈？没那么容易

放学之后，婷婷背着书包独自一人往家走，经过一个自由市场，突然有一个叼着香烟的大孩子从旁边走了过去，重重地碰了婷婷一下，随之听见"哐当"的声响，一个MP4摔在了地上。婷婷当时并没有在意，继续往前走。而这个大孩子却把婷婷拽住了："喂，你把我的MP4碰掉了，摔坏了。你要赔偿！"面对这个大孩子的威吓，婷婷反而感到奇怪："我并没有碰你啊，是你自己撞上的。"

"你居然狡辩，这个MP4是我新买的，花了600元，难道我要自己把它摔坏吗？你赶快把钱给我，否则的话我就和你玩命。"他一边说，一边还朝婷婷瞪圆了眼睛，挥着他的拳头。

看他这副样子，婷婷想自己一定是遇到了"碰瓷"的，这分明就是敲诈啊！怎么办？

婷婷绞尽脑汁想解决的办法。"我身上没有这么多的钱，你让我回家拿给你好吗？"婷婷和他商量。"回家？"这个大孩子似乎识破了婷婷的心思，"等你回了家，我上哪里去找你啊？你现在有多少钱就都给我吧，要不然的话，今天就别想回家。"婷婷心里有点着急，这可怎么办呢？这时婷婷想到了要报警。

"我想起来了，我的卡里有钱，我到旁边的取款机去取好吗？"婷婷再次和他商量。大孩子满意极了："嗯，行啊，你快点儿。"

婷婷趁这个机会赶快跑了过去，并找周围的人帮助她报了警，然后，她假装取钱，然后稳稳当当地走了出来。

"你可真磨叽，把钱给我就走人吧。"

"真对不起，我卡上没有钱了。我现在钱包里只有10块钱，都给你吧。"婷婷开始和他周旋。

"嘿！你怎么回事，惹急了我揍不死你！老实点儿，让我翻翻你的钱包。"大孩子有点急眼了。

"你不信的话，看看我的书包吧。"婷婷一边说着，一边把书包里的书，还有作业本、文具袋，一个一个不紧不慢地翻给他看。其实这时婷婷心里可着急呢：警察叔叔，你们快点到啊！

不一会儿，婷婷就听见了警车的声音，大声喊道："在这里，这里。"大孩子一看不妙，转身就跑，但最终没有逃过警察叔叔敏捷的身手。

原来，这个大孩子经常用这种方法来欺诈小同学，已经有十好几次了。看来，婷婷今天不仅成功保护了自己，还立了一个大功呢！

社会上有一些人心术不正、好逸恶劳，他们虚张声势，专做讹诈蒙骗的恶事，极尽拙劣表演之能事。路遇讹诈，和他们相比我们一般处于弱势，此时要保持清醒的头脑，分析问题，不要被讹诈者的强横声势吓坏，盲目屈从而被骗钱财。应据理力争，巧妙地向旁人、父母、警察求救。

女孩缺乏社会经验和防备心理，往往容易受到骗子的欺诈及恐吓，因此外出时必须特别小心谨慎。诈骗作案的手法多种多样，有的骗子以做好事为幌子骗走你的钱财，如利用帮助你购买车（机、船）船票或者提取行李包裹之机，把你的钱骗去，把包拎走；还有的骗子故意在你附近丢下财物，由其同伙捡拾后，强拦住你分钱，然后骗子以失主身份查验你的钱物、趁机偷盗作案。

也许，很多女孩在遭遇了讹诈之后会一时感到茫然不知所措，那么，在此时要切忌以下这些要点。

（1）保持镇静，不要害怕，不要脑子发热，更不能鲁莽行事。要在确保人身安全的前提下，寻求别人帮助。

（2）善于分析问题，镇定自若。遇到突发情况，要从不同的角度分析问题，在细微之处发现"狐狸尾巴"。

（3）灵活机动，果断处置。如果当时环境复杂，情况对自己不利，也可以运用缓兵之计、先答应条件，确保安全脱身后，再及时报警。

路遇抢劫须镇静

美林独自一人走在回家的路上，突然有一个大汉横在她面前，挡住了美林的去路，大汉对她说："把你的钱全部掏出来。"美林心里不禁有点害怕，自己只是一个学生，能够有什么钱呢？看到大汉一脸凶狠的样子，美林支支吾吾地说："我……没有钱。"

而大汉并不吃这一套，他不由分说，直接抢过美林的书包，利索地翻了起来，拿走了美林钱包里的所有零钱，还有爸爸给美林新买的电子词典。

抢劫结束之后，大汉冷冷地对美林说："孩子，今天算你倒霉，回家去吧。"然后把书包往地上一扔，就跑没影儿了。美林心里既害怕又难过，两腿发软，随后一路跑回了家。到了家之后，她就把这件事情从头到尾和妈妈说了一遍。

"天啊！我的孩子，你没有什么事吧？"妈妈关切地问美林，可能是怕她受到惊吓，不住地摸她的头。

"没事。他把我的钱还有电子词典抢走了。"美林向妈妈抱怨。

"美林，你是不是走的地方很偏僻？"妈妈问道。

"嗯，今天走了另一条路。"

"他的容貌特征，你有记住吗？走，妈妈现在带你去报警。"妈妈说着，带着美林去了派出所。

遇到歹徒的时候，女孩们千万不要慌张，首先要冷静地分析一下歹徒的目的。如果他们要的是钱，先给他们，同时仔细记下歹徒的相貌、身高、口音、衣着、逃离方向等，事后立即向民警或公安部门报告。如果遇到凶恶、带有杀机的歹徒，自己又无法脱离危险，就一定要奋力反抗，免受伤害。反抗时，要大声呼喊以震慑歹徒；动作要突然迅速，打击歹徒的要害部位，在此过程中要不断寻找脱身机会。应切记，不到迫不得已不要轻易与歹徒发生正面冲突，最重要的是要运用智慧，急中生智，随机应变。

女孩在放学回家的路上要提高警惕。要做到：路上不单独行动，尽量结伴而行；路上不要多耽搁；不去偏僻的地方；不走人迹稀少的小路。还有在平时，我们应该多了解一些自护知识，以备不时之需。

（1）如歹徒拦住你的去路，千万不能惊慌失措，应迅速判明歹徒的身体状况和周围的环境条件，再确定防卫方法。

（2）学会"呼救脱身法""恐吓脱身法""周旋脱身法""对犯罪分子进行说服教育法"等脱险方法。

（3）若歹徒是迎面而来，等到歹徒靠近后，猛地提起膝盖向他胯下猛撞；亦可迅速抬起并拢的手掌直击其喉头。趁他慌张之机，就可立即逃跑。

（4）若歹徒从后面突然勒住你的脖子，并试图抓你右手时，你可微微转身，并以腾出的左手猛力向歹徒肋骨撞去，待其松手时，立即逃跑。若前一招没有使歹徒松手，你可迅速改变招式，用力踩歹徒的脚面，或狠踢其小腿骨，待他松手时，可马上逃跑。也可握紧拳头，举起手臂，用力向后撞击其腹部，使他喘不过气来，待他松手时，自己便可脱身逃跑。

（5）雨伞和其他长的硬物都是很好的自卫武器。当歹徒靠近时，可用双手紧握雨伞击打歹徒，寻找机会逃跑。

好像有人跟踪我

这天秋荷一个人走在路上，总觉得后面有人在跟踪她。秋荷总共回头看了三次，都是同一个人。奇怪，那个人为什么总跟在自己身后呢？难道是个别有企图的人吗？秋荷想了一下，决定把他甩开，就躲进一家小卖部假装买东西，而他偏偏也跟着秋荷进了这家小卖部。

看到他进来之后，秋荷马上就跑出来了，而他也跟着秋荷出来了。秋荷的心里开始有点着急了，这可怎么办啊？旁边没有熟人可以帮她啊！这时，秋荷看到路边有一个卖瓷器的小摊，心想有办法了！秋荷走到那家小摊前，拿起一个大号的瓷罐子，假装不小心摔碎，发出了很大的声音。摊主看到罐子被秋荷摔碎了，急忙跑了过来："这个小同学，你把我的东西摔坏了，你要照价赔偿。"

"凭什么要我赔偿？我又不是故意要摔你的东西。这种破瓷罐子，能值几个钱。算了，您就自认倒霉吧！"秋荷故意这样说道。

摊主一看秋荷这态度，跟她火了："小同学，你怎么这样不讲道理。明明是你把我家的东西摔坏了，就应该赔。咱呀，找个地方说理去吧。"

"走就走，谁怕谁啊！"秋荷和那人继续吵，而且毫不避讳地嚷嚷要去公安局。秋荷一边吵，一边观察那个跟踪她的人，那人已经走了。于是松了口气，对那个摊主说道："真是对不起，我回家的路上发现有一个人在跟踪我，我躲不开，实在没有办法才找碴儿跟你吵架。现在他人走了，多少钱，我照价赔偿您吧。"

摊主明白了事情的来龙去脉，也就不再和秋荷争吵："原来是这么回事。小姑娘，在外面一定要多加小心啊！"

一般来讲，陌生人的尾随，多数情况下是有预谋的，也有个别情况是因为我们自身存在某种诱因。一般来说，尾随的目的有两种：一种是尾随到僻静的地方，寻机下手，进行抢劫、绑架，或实施人身侵害；另一种是尾随到家，趁开门之机，进入家中进行抢劫等犯罪活动。

所以，一个人在外行走时，须保持警惕。

（1）发现自己被歹徒盯上，不能惊慌，要保持头脑清醒、镇定。同时，根据自己的体力和心理状态、周围情况、歹徒的动机等积极寻找智对良策。如果只是被歹徒盯上，应迅速向附近的商店、繁华热闹的地段跑去，那里人来人往，歹徒不敢轻举妄动；还可就近进入居民区求得群众帮助。

（2）如果在近家处碰上了尾随者，而且又难以摆脱时，不要急于进家门，要先想好哪个邻居家里经常有人，先到他家去敲门呼喊："大爷，我有事找你！""奶奶！开开门，我是×××，有点事！"爷爷、奶奶们一定会帮助你的。如果邻居家也没人，可以趁机快跑到家，紧锁窗门，然后再打电话设法与外界联系。

（3）如果在上学的路上被人跟踪，立刻加快脚步，甩掉那个陌生人，跑到学校报告老师。

（4）为了摆脱跟踪，我们可以向路上一些陌生人借机打个招呼，问一些事情或无关紧要的问题，这样能够给尾随者一些心理压力，让他不敢对自己下手。

（5）甩掉盯梢人后，应及时打电话报警，将盯梢人的长相、高矮、胖瘦、大致年龄等特征告诉警察，便于他们调查、破案。

走路也要讲究安全

那天夏寒和同伴一起去公园玩耍，走到一个路段的时候走不过去了，上面写了一个牌子"前方施工，请绕行"。

"唉！真麻烦，我们要是绕行的话，就走得远了。"夏寒无奈地抱怨道。

夏寒的同伴一拍脑袋瓜："我想起来了，要不这样，我们顺着下面的河边走吧，能少走很多路。"

"不好，不好，我们还是绕远走吧。"夏寒实在是不敢走河边，如果不小心掉下去呢。

"夏寒，如果我们抄近道的话，可以提前半小时到公园，我们走河边吧。"同伴一个劲儿地怂恿，冲着夏寒笑。夏寒实在是感到很为难，最后同伴也不好再为难她，还是决定重新选择了一条安全的路。

女孩在走路的过程中也一定要注意安全。在走路的时候，要选择平整、坚实安全的道路行走，尤其是在晚间走路的时候更要小心，不要为了急于赶时间而抄近道，也不要为了图省事而行走坎坷不平的路，或者是跨越小溪赶路，甚至冬天在冰上走路，这样的做法都是非常危险的，很容易跌倒摔跤，掉入水坑。还有些女孩，在路上与伙伴行走的时候喜欢追逐打闹，这样的做法也是很危险的，因为在打闹的过程中，注意力就不能集中，所以极容易发生失足摔跤、皮肉受伤，甚至发生骨折等不安全问题。

找个安全的地方住

白曼和同学们利用假期一起外出旅行。因为没有预定好住的地方，所以要在天黑之前找到安全的住所，养精蓄锐，才能保证明天精力充沛地玩。

"不行的话，我们住星级酒店吧，绝对安全。"其中一个同学这样建议大家。"好贵啊，你要是请客，我们就去。"这个建议很快就遭到了其他同学的反对。

"我们只要是在市中心去找，应该都不会太危险吧。我想到一个好方法。"白曼一拍脑瓜，想出了一个好主意，"我们上网找政府信息网，就能找到最安全，且价格最实惠的旅店了。"

"对对，还是白曼的这个主意好。我们现在就去吧。"大家都对白曼的意见表示赞同。大家顺着白曼的建议，在景区的附近，找到了一家看上去很干净的旅馆，只是价格稍稍有点贵，不过安全有保证，住得会比较舒心。

"就我们几个人，可以开一个包间了。"白曼建议道，"我们分摊费用，也就和白天的打车费差不了多少，呵呵。"

"嗯，对，不能和别人混住一屋，太不安全了。"同伴说，"我们去看房子吧。"就这样，大家顺利地找到了合适的住处。

旅社是社会上最为复杂的公共场所之一，不论是好人还是坏人都有可能会在旅社栖息过夜，而更有一些犯罪分子又常常把作案地点选在旅社。所以我们在投宿旅社的时候要有足够的警惕，要处处注意安全。首先，自己携带的贵重物品，除了洗漱用具和换洗衣服之外，应当全部寄存在旅社的包裹存放处，或者锁在客房内的保险箱里。若与其他旅客同住一室，要防止别人趁你熟睡的时候掏你的口袋，因此最好存放少量现金在内衣口袋，然后穿着内衣入睡。在与同房间的旅客闲聊的时候，不要太热情，更不要轻易暴露自己的家庭住址及家庭成员的详细情况，以防被别有用心的人利用；当对方让你喝饮料、抽香烟或者给你吃糖果时，应该婉言谢绝。

除此以外，在投宿旅社的时候，还有许多需要注意的事项。

（1）选择投宿旅馆要谨慎，最好避免环境复杂的小旅社。在投宿期间最好是早出早归，切忌单独外出。

（2）要告知家人旅馆的名称、电话及相关的联系方式，如果是团队出游，一定要记下队友的房间电话。

（3）入住旅馆之后，应该首先察看安全门和安全通道，最好是试走一次，以备危险时得以迅速离开，同时还应该注意周围的安全逃生出口及紧急电话联络系统。

（4）留心看一眼旅馆内门窗、钥锁等设施是否安全，入睡前一定将房内插销扣好。

（5）如果有访客敲门须经再三确认，不可以随便让陌生人进入，如果遇到棘手的事件不好处理，应该打电话请旅馆柜台派人处理。

（6）外出时，应将贵重物品随身携带，千万不要放在房间内。

（7）在使用旅馆电梯时，尽量让自己站在控制钮旁，如果遇到问题，可以立即按警报器求救。

（8）在入住客房期间，应该由服务人员陪同检查旅馆房内的柜、浴室是否有可疑人物。洁身自好、自尊自爱，不要理睬陌生骚扰电话。

（9）在休息的时候不能卧床吸烟，还应该注意电器的使用安全，有必要阅读旅馆的安全宣传手册。

遇到恶劣气候不忘自我保护

入春之后，经常会刮沙尘暴。昏黄的天气让安波的心情分外不爽。每天放学回到家之后，安波用纸巾擦一擦脸，会发现有一层黄色的印迹，照照镜子，鼻孔处居然会有黄色的尘粒。那天不仅是沙尘，还刮起了五级的大风。放学之后，安波两步并作一步，抓紧朝家的方向奔去。

好不容易到了小区门口，离安波家还有一段距离，安波加快了脚步。这时，只听她的身后一声"咣当"的响声。

安波回头一看，原来是楼上被风刮下来的空调架，离她只有一步的距离。假如安波走慢些的话，很可能她的头就"扁"了吧……想到这里，安波更加害怕，一溜烟地跑回家了。回到家之后，安波向妈妈讲述了她今天惊心动魄的一幕，还和妈妈逗趣道："妈妈您说我算不算是大难不死必有后福？"

妈妈对安波说道："安波，今天这件事还真是够吓人的。不过你今后要注意，在刮风的时候最好不要走在居民楼中间，因为从住家的阳台上刮下来东西是很平常的，即便是分量不重的物品，从很高的楼上掉下来，也足以让人致命。你千万不要当儿戏啊。"

"嗯，妈妈我知道的，您放心吧。"

俗话说"天有不测风云，人有旦夕祸福"。其实，有时人的旦夕祸福正是由天有不测风云所造成的。比如说，夏天的雷击及刮大风、台风时的树枝、高压电线折断，都有可能造成人员伤亡。对此要有自我保护意识，不可麻痹大意。

当你在室外或者在田野上遇到雷雨的时候，最好把身上所有的金属物品全部放下归在一处，然后一定要远离这些物品，找个没有高耸竖立物的地方蹲下。如果手持金属柄的雨伞，也要放下。在水里的应立刻上岸，因为水是导电的。刮风的时候，最好不要沿着屋檐走，防止瓦片、花盆等物品被刮落砸伤头部。一旦发现高压电线断落，万万不可接近，尽快向供电部门报告，以便让有关人员及时进行检修。

这样的运动，也很危险

"啊！蹦极！我一直都想玩，就是不敢。你们有人玩过吗？跳下去的感觉是什么样的？"阳阳看到了远处的游乐设施，问周围的几个同伴。

大家纷纷摇头。

"要不，我们去试一试吧。你们都在，我胆子大。"阳阳按捺不住自己的好奇心，"我们和那些人商量一下，用绳子把我们几个捆在一起，这样大家一起往下跳，就不害怕了。你们觉得怎么样？"

"阳阳，难道你就没有一点顾虑吗？如果那根绳子无法负重的话，我们玩的就不是蹦极了，我们玩的是命！"含桃一脸恐怖地对阳阳说道，"我们还是惜命一点为好。"

周围的同学听了两个人的对话，都开心地大笑了起来。

含桃又说道："阳阳跳下去之后，肯定免不了阵阵惨叫，那声音，不知会吓到多少人呢！"

"哼！有那么严重吗？不玩就不玩。"阳阳气呼呼地甩甩头发。

如今，在许多游乐园内都设置了高空游览车、悬升飞机、过山车、碰碰车、滑车、水上漂流、高山滑梯、赛车等游乐项目。这些游乐活动具有很大的刺激性和吸引力，其中不少项目很惊险，但又有不安全性。

对于惊险刺激的游乐项目，很多女孩有一种矛盾心理：很想玩但是又害怕玩，不玩吧又不甘心。所以，参加任何体育活动都必须把人身安全放在第一位，做到量力而行，不勉强、不逞强，并且严格遵守规则。

所谓量力而行，就是说惊险的项目不是每一个青少年学生都可以玩的。因为这些游乐项目比较激烈，玩起来让人神情紧张，惊心动魄。所以胆小、体弱、心理承受能力较差和患有心脏病、恐高症、眩晕等疾病的女生不要去玩，以免身心健康受到损害，甚至导致休克、晕厥、旧病复发等现象，严重的会危及生命安全。

确保惊险项目的游乐安全，还有一条非常重要，就是要自觉遵守游乐规则。在游乐园里，每一个惊险项目都会明文规定游乐规则。这些规则，实际上是保护游客人身安全的有效措施。比如，玩高山滑梯时，严禁身穿背后有拉链的游泳衣裤，防止在滑行的过程中拉链与滑道摩擦，伤害人体；玩碰碰车时，驾车人的双腿不得伸出车外，而且身体与方向盘之间应保持一定距离，以防止两车相撞导致驾车人的腿脚被轧伤、撞伤；玩旋转上升的运动项目，必须系好安全带，人体不得探出运动器外，以免在激烈的游戏过程中发生意外；等等。对于这些游乐项目的规定，在玩之前一定要了解清楚，以免因无知而酿成无法挽回的遗憾。

注意人身安全，玩得更开心

在笑笑的两只眼睛之间，有一道深深的疤痕。那是笑笑在小学一年级的时候，有一次和姐姐出去游玩，由于笑笑的淘气，放着光明大道不走，非要围着铁栅栏走，结果脚底下不听使唤，一下子重心不稳，摔倒在铁栅栏上，把两个眼睛中间的地方划破了。当时笑笑倒没有什么反应，反而把她的姐姐吓哭了。

记得当时大夫夸了笑笑，至于夸奖的内容，有两个中心思想：一是笑笑没有哭，就因为这道疤，大夫给笑笑缝了三针。所以夸她勇敢，那个大夫还特意用橡皮膏在笑笑缝针的地方贴了一个大老虎的"王"字，呵呵；二是说笑笑命大，因为这个伤口，如果往左偏一点，就会伤到鼻梁骨，如果偏右一点，就会伤到眼睛。这个危险的经历给了笑笑一个沉重的教训：千万不可以得意忘形。从那以后笑笑走路就小心了许多，以致同伴总把她当作胆小鬼，可能是因为别人不知道笑笑缝针的滋味有多疼吧。

爱玩是孩子的天性，在课余适当地进行户外活动，放松一下自己，这是必要的也是应该的，不仅有利于身体健康，而且还能提高学习效率。但是，在户外玩要时务必要注意安全。

如果在没有家长、老师的监护下，夏天最好不要到河流中游泳，冬天不能在结冰的河面上溜冰。很多女孩喜欢在夏天的时候下河玩水，这样非常危险，因为我们不好判断河水的深浅，如果不小心的话，很容易溺水。

平时在户外活动的时候，不要随便攀登树枝。尤其是在秋天，树枝会因为干枯更容易断裂。在外面游玩的时候，还要注意马路上井盖的完好程度，防止落入井中酿成不幸。不要在建筑工地周围游戏追逐，以免建筑架上的东西掉下来伤人。

在户外游玩的时候，千万不要因为追求新鲜、好奇刺激而忘记了自身安全。否则，就会受到伤害，甚至付出鲜血、生命的代价。

野外迷路怎么办

暑假来临，航航很想出去来一次户外探险，她把她的想法和小伙伴们一说，没想到她们比航航还积极。原来大家心里都很想去啊，既然志同道合，马上一拍即合。那天，几个人把目标选定在郊区的一座海拔800米左右的山顶。进入景区，大家一阵兴奋。

"既然是探险，那我们就不走寻常路了，好吧？"其中一个同伴建议道。

"那你想怎么个走法？"航航问道，"难道你想自己开路啊？"

"你怎么这么明白呢？我就是这个意思，你们觉得好吗？"那个同伴得意地征求大家的意见。

"嗯，听起来是很好玩，可是如果迷路绕在里面了，那就不好玩了。而且在山上，手机有时都没有信号，我们没有任何方法与外界进行联络。"航航凡事都会想得很周到，善意地提醒她说。

"哈，我早就想好啦！你们看，我都带好了工具。"那个队友得意地拿出了一捆长长的尼龙线，"我们走到哪里就把线缠在哪里，然后在沿途做上记号，这样保证万无一失。"呵呵，原来早就"预谋"好了啊。

"那太好啦。"航航高兴极了，"那让我们来一次与众不同的探险吧。"

"注意安全，如果发现不对劲，我们马上往回走。"

"明白，出发！"

和朋友一起结伴到户外去探险旅行，本来是增长见识和体现团队精神的好方式，也是提高解决问题能力的好途径。但是，由于对地形的不熟悉，有时难免会出现迷路或者是找不到同伴的现象，这在户外是非常危险的。因为爱好探险的人都有这样的体会，当顺着小路登上山顶之后，通常希望下山走一条从来没有走过的新路线，往往会迷路，甚至会被困在山里。在旅行的过程中万一迷路了，该怎么办呢？来给你们提一些小建议，以备不时之需。

（1）迷路之后，应该立即往回走，争取回到原来那座山上去。即使已经走到了谷底，有多么疲惫，也要咬牙爬回去找到原来的路线。这是性命攸关的时候，不可以偷懒，也不要存侥幸心理去试别的路线。

（2）如果已经回不到原来的路了，那就要仔细观察周围的环境，争取能找到一条小溪，并顺着溪流走。在一般情况下溪流会把你们带到山下去。如果在顺着溪流的过程中遇到了瀑布的阻隔，也要想尽办法绕过瀑布继续沿着溪流前进。

（3）如果既找不到原来的路，又看不到溪流，那就比较麻烦，不过还是有可以解决的办法。这时你应该做的，仍然是想办法登到山顶上，根据太阳或找到远方的参照物（比如远处山下的一些建筑等），辨别出大致的方位，并在这个方位上选定一个距离合适，也相对容易辨认的目标山冈，向着目标山冈前进。

（4）如果迷路的只有你一人的话，那么你唯一可以做到的，就是在辨别好方位下山时，向着自己选好的目标山冈行进，过程中要不断抬头看着目标，防止偏离正确路线。这个时候千万不要慌，只要你沉着冷静地想办法，一定可以走出大山，脱离险境的。

看穿常见的骗人术

我要和什么样的人成为朋友呢

雪松说她在社会上认识了一个新朋友，同学们都替她感到高兴。因为雪松的朋友也是大家的朋友。而且听雪松介绍说，那个女孩特别会打扮，很时尚。大家都一个劲儿地央求雪松，一定要让她们见见这位新朋友，雪松爽快地答应了。

一个周日的下午，雪松邀请大家去蛋糕店，那个时尚女孩如约而至，雪松热情地向大家介绍。

"萝莉来了，这些都是我的同学、好朋友。"雪松把她的这些朋友都介绍给了萝莉。"你好。"萝莉做了一个时髦的手势向所有的人打招呼，然后大家一起亲切地交谈起来。

在谈话的过程中，有人很敏感地意识到这个萝莉有可能是个不良少年。因为她刚坐下，就开始介绍她昨天的经历，什么和人去蹦迪啦、晚上又跟人熬个通宵啦、今天刚刚睡醒就来认识我们啦之类，不知是否在炫耀她的朋友很多、她的个人魅力很大呢？

但是，根据她说话的内容可以判断出来，她的大部分时间都是用来消磨的。只是对于以貌取人的雪松，应该是被萝莉的时尚外表蒙蔽了吧。

朋友们从心里有点替她着急哩。

"等哪天咱们找个时间，我带你们去打保龄球吧，没关系，我认识的一个哥们儿是开球馆的。"这个萝莉大方地对大家说。

雪松一脸的兴奋，这个新朋友大大地满足了她的虚荣心，她说道："那我们就去吧，我们还从来没有玩过保龄球呢。"

朋友们却都一个个默不作声。

　　和萝莉再见之后，雪松的几个好伙伴就在一起相互合计："这个女孩和雪松才见面不久，为什么对我们这么大方呢？她一直没有上学而在社会上混，又认识这么多三教九流的人物，肯定是个复杂的人。回来我们要提醒一下雪松。"

　　"不过万一那个萝莉是个好人呢，也说不定，不过给我的感觉不好。我想我们还是委婉地提醒一下雪松，让她不要上当才好。以后雪松应该会看着办了吧。"

　　对于这个萝莉，大家都商量好了对策，准备找个好时机劝劝雪松。

　　喜爱交朋友是青少年的普遍特点。这样有助于拓展我们的生活宽度，也有益于在学习中相互帮助、取长补短，收获友谊。可是，如果万一不慎与思想品德不良的人结为朋友，则会深受其害，到那时也许就后悔莫及了。

　　任何人一生中总要结交一些朋友，而交什么样的朋友，对自身的发展来说至关重要。常言道，近朱者赤，近墨者黑，如果我们的朋友是比自己更优秀的人，那么我们也会受其影响变得更优秀。朋友就像书籍一样，好的朋友不仅是我们的伙伴，也同样是我们的老师。在交朋友的时候，一定要重视他的品行，如果是一个品格不好的人，即便再有十八般武艺我们也要敬而远之。正如孔子所说："友直，友谅，友多闻。"如果你想让自己变得更优秀，就一定要交到比自己更优秀的朋友，通过这样的方法不断激励自己力争上游。

　　生活中会遇到形形色色的人，所以我们要练就一双火眼金睛，在对朋友友善的同时也不妨有一点防备之心，正所谓"交浅不言深"。对于和我们还不是很熟悉的朋友，也不要完全相信。对于新认识的人，如果不好判定她是否值得交，可以征求父母长辈的意见，或者和最亲近的朋友商量商量。最好的方式是认识她周围的人，这样才能更客观地了解她。在与朋友交往的过程中要尽量减少自己感情上的喜恶，以客观的态度看待事和人。

那么，怎样防止自己在交友过程中误中坏人的圈套呢？关键是在初次交往的时候，要注意听其言、观其行，认真识别对方道德品质的好坏。如果觉得对方的人品不端，那就不妨敬而远之，避免继续往来；即便不得不往来，由于有了警觉，也不至于发展成为"深交"。倘若认不准对方的情况，则可以从侧面继续了解。一般来说，同班、同级的学生和经常往来的近邻，互相都很熟悉，只要自己有端正的伦理道德标准，明确是非观念，在上述伙伴中择友，通常是不会选错的。

我们在与人交朋友的时候，一定要切记真诚待人，多关心对方，多了解对方。结交朋友不论贵贱，而且与智商完全没有关系。当然，我们也有可能遇到不好的朋友，甚至会因为结交朋友而上当受骗，对此，我们自己要先能够合理防备，不要对交朋友有抵触心理，因噎废食。

"洁身自好"防诡计

不出同学们所料，雪松终于上当受骗了。

那天雪松跟大家说："今天萝莉想请我们一起去打球，你们要是没什么事的话，大家就都一块儿去吧。"

"嗯……我的作业要写。"

"嗯……我要和妈妈去博物馆，票都买好了。"

"嗯……我要去看望爷爷，他想我了。"

大家都分别编出了各种理由来搪塞她。

雪松有点不高兴了："我的朋友，你们为什么总要躲开呢？她哪点不好呢？哼，我有这样一个酷酷的朋友，别的人都嫉妒我呢。哼，我自己去了。"

"雪松，我们没有说你的朋友不好，可是你想想，即便是再好的朋友，打一场球价格很贵呢，怎能让好朋友破费，而你也没有经济来源，多少有些不好吧。其实我劝你也不要去了，和你的朋友好好解释一下，让她了解你的善意，她是不会生气的。"

"为什么不去呢？没事啦，她说是她的好朋友开的，本来就不用花钱，原来你在顾虑这个呀。"雪松不耐烦地对大家说，"打打球又没有什么不好，还正好长长见识。如果要不是有人请客，我们谁也不会舍得花这么多钱去打球，是不是？所以啊，人脉，这是无形的财富，是资源，你们懂不懂啊？不去算了。"

雪松撇下大家，一个人会朋友去了。到了下午，大家都突然接到了雪松的电话："你们快来帮我啊，我上当被骗了。"原来，那个萝莉就是个骗子，她把雪松约到了一处很高级的球馆里，两个人玩尽兴之后，她就借口出去打个电话溜走了，把雪松一个人甩下……

最后，当然是雪松自己结账了，一共 800 多元呢！雪松没有钱，所以被扣下了。

"多亏我们没和她一起去，否则就要和她分摊了。"

"我们快给雪松的家长打电话吧，我们现在过去找雪松去。"同学们都很替雪松着急，马上开始行动。虚荣的雪松，这下你知道谁是真正的朋友了吧？

社会的复杂，坏人也不是一眼就可以被识破的，这就要求我们在与人交往的时候，首先要小心谨慎，自己为人正派，与人为善，同时又能明辨是非，不受邪恶行为的影响。特别是在受到对方恩惠的时候，更要保持清醒的头脑。

艰苦朴素是中华民族的传统美德，没有钱我们可以生活简朴，而有了钱也不可以随意挥霍，特别是不能有虚荣心。外表美也并不在于穿得花哨，衣着朴素整洁，言行文明礼貌，这才是真正的外表美。虽然我们不反对吃得好一些、穿戴得漂亮一点，但是我们作为学生，在衣食方面应该适可而止，不应该有过高的追求。现在，社会上有很多中学生为了满足自己的物质欲望，利用课余的时间打工挣钱。应该说，在不影响学业的情况下，倚靠自己的劳动收入减轻家庭的经济负担，改善学习、生活条件，这是好事。但是，学生打工的场所应该有所选择，不要到人员复杂的娱乐场所去打工。我们还是学生，往往涉世不深，尚缺明辨是非的能力，所以难免在复杂的环境中缺乏免疫能力而受到不良影响，而且很容易被人利用，惹出灾祸。

"手机中毒"是怎么回事

那天晚上，梦露和妈妈正在客厅聊天，忽然听到妈妈的手机响了一下就挂断了。"妈妈，有人打您的电话，我帮您把手机拿过来吧。"梦露说着就跑去把手机拿了过来。

妈妈看看手机上的号码："奇怪，这个号码很陌生，不认识啊。"

"妈妈，您给打回去问问不就知道了吗？"梦露对妈妈说道。

妈妈笑了一下对她说："梦露，不用理会，这很有可能是诈骗电话。"

"啊？"梦露听了一愣，"怎么电话还会有诈骗呢？"

"嗯，不信，我们可以上网查查这个号码的归属地，一定是外地的。"结果梦露和妈妈上网输入这个号码一查，果然显示的是外地的。

"这种电话诈骗的方式是拨通其他手机的电话，然后响2秒钟就会挂断，不知情的人一旦回拨过去，就要交高额的电话费。"

"啊！原来是诈骗！"

妈妈接着说："利用电话诈骗的方式有很多，而且防不胜防，最好的方式就是不要相信陌生人的来电，如果遇到状况及时通知家长，就可以避免受骗。"

手机在现代社会已经得到普遍应用，而手机短信更是人们互相联络的得力助手。可是，手机短信中存在诸多安全隐患，很多不怀好意的人往往会通过发送诈骗短信来牟取钱财。因此，常与手机短信打交道的女孩一定要提高警惕，防止自己掉入不法分子的短信陷阱里。

下面介绍一种常见的电话诈骗方式。

第一步，对方发送虚假消费短信，提示你"您在某地刷卡消费多少多少元，如有疑问，请拨某银行信用卡服务部电话查询"。

第二步，当你按提示电话号码回拨，接电话人会自称是某银行工作人员，谎称你的卡出了问题，并指示你按其所提示步骤将钱转入所谓保密账户。

第三步，这时你很可能会按照"银行工作人员"所提示的步骤，将所持卡上的钱转入所谓"保密账户"。

第四步，通过电话获得受害者的卡号和密码后，不法分子会迅速将你卡上的所有金额转走。

刚刚步入青春期的女孩相对缺乏社会经验，而彼此间的联系又多是通过手机或手机短信进行的，这就给那些不法分子提供了很多可乘之机，这就需要在平时注意提高警惕，面对这些手机或短信诈骗，要提高自己的防护能力。

不想去做客

这两天璇璇成绩下滑比较快，为了帮助璇璇更快更好地提高成绩，妈妈从家教中介那里帮璇璇找来一个大学生家教，到家里来给璇璇辅导功课。

"璇璇，你要用心学习，不会的要多问问那个大学生姐姐，这样进步才会更快。"妈妈好言劝导她。

璇璇心里暗自琢磨，自己都已经到了"吃小灶"的地步了，妈妈为了自己也是用尽了苦心，还是好好学习吧。

不过那个大学生姐姐对璇璇特别好，而且她的成绩也特别好。只要是璇璇不懂的问题，她都能帮璇璇讲解明白。不仅如此，她还讲给璇璇很多特别好用的学习技巧，据说都是她的"独门秘籍"。时间长了，璇璇开始喜欢这个姐姐了。

"璇璇，什么时候你有时间，到我家里去玩吧。"这个大姐姐热情地邀请璇璇。

璇璇心里想：这个姐姐的家在偏远的地方，那里能有什么好玩的呢？

"嗯……再说吧，谢谢你。"璇璇笑着拒绝了。

等那个大学生姐姐走了之后，璇璇把那个姐姐的话告诉了妈妈。妈妈对璇璇说："璇璇，我们和这个姐姐并不熟，如果我们要是去她的家里，会打扰她和家人的正常生活，对吗？"璇璇一想，还是妈妈说的有道理，"是啊，我本来也不想去她家里。"

"璇璇，还有就是希望你记住，以后可能你还会遇到类似的状况，可能与你不是很熟的人邀请你去家里玩，你呢，不管是出于礼貌，还是出于安全的考虑，最好是拒绝，记住了吗？"妈妈对璇璇说道。

"嗯。"璇璇点点头。

同学之间互相往来，你到我家来玩，我到你家去写作业，这是常有的事。可是，在现实生活中，却发生过有的学生到同学或者其他人家去，遭到主人家的宠物伤害，甚至遭到主人侮辱、杀害的事件。这就不能不引起警惕了。我们不要轻易独自到陌生人的家中，这不仅是出于安全，也是一种文明礼貌的表现。

骗术的范样

这天千兰和媛媛一起去逛街，正好赶上中原商店两周年的店庆。她们从老远的地方就看到那里围满了人，一打听才知道原来这家商店要举行感恩回馈、礼品赠送的活动。千兰和媛媛不禁心动，连忙跑过去凑热闹。

主持这个活动的是中原商店的经理，他首先拿出了一瓶护手霜，说："这瓶护手霜在我们店的售价是38元，不过今天我要把它送给一位幸运的朋友。"说着他就随即将这瓶护手霜送给了其中一个人。

接下来，经理说："第二个环节，我要低价出售这瓶护手霜，只要5元，您就可以把它拿回家。谁愿意买？"这时一位老太太拿出5元钱要买，而经理在把商品交到她手里之后，却退还了5元钱，说："今天是我们商店的周年店庆，希望您日后支持我们的商店，不收您的钱了。"

接下来，他又陆续拿出了很多商品，都是先开价，等周围的人去买，当人拿出钱来之后，他总是把东西送出去却分文不取。千兰和媛媛看了之后心里乐开了花，心里合计着待会儿两个人一定要抢一个"大块头"。不一会儿，这位经理拿出了一个大礼包，说道："这是我店为了回馈客户而特意准备的大礼包，里面有价值6000元的数码相机一台以及高级旅行套装，现价只要1600元，谁愿意出钱购买？"

"媛媛，就这个了。"千兰一边喊着一边拿出了1600元，交给那位经理，他把大礼包给了千兰。

媛媛也不甘示弱："我也想要。"说着，她也拿出1600元给了那个经理，同时拿到了大礼包。可是奇怪的是，那位经理并没有把钱退给她们，等人们都把钱交给他之后，他就宣布结束活动了。

"完了，千兰，咱们上当了。他没有给我们钱。"媛媛似乎明白了。"他是不是看亏本太多，玩不起了啊？没事，礼包里有东西呢，我们先看看相机的质量怎么样。"说着，两个人打开了大礼包。打开之后她们都傻了，这哪里是什么数码相机，而是一种最原始的"傻瓜"相机！千兰和媛媛就近找了一家照相馆，请那里的人来帮她们看一看这个相机到底价值几何。一个好心的叔叔告诉她们："孩子，这个相机虽说能用，但是它的成本很低，用来照相很容易曝光，且浪费胶卷。"

这个大骗子，千兰和媛媛顿时感到怒火中烧，同时明白了一个道理：天上不会掉馅饼，而天下也不会有白吃的午餐。

社会上各种骗人的把戏有很多，而目的都是坑人钱财。下面这些五花八门的骗术快来看吧。

骗术一：在街上遇到一男一女带个小孩，拦住你，对你说孩子病了，没有钱回家，让你帮助给点路费，他们回家给孩子治病，还说他们好几天都没有吃饭，让你给点钱好让他们买点吃的东西。遇到这样的情况，最好的方法是告诉他们可以去找警察来帮助。

骗术二：路边一个青年男子，穿得破破烂烂，身上挎一个包，用粉笔在地上写着"找不到工作，太饿，求好心人给点食物"。一般看到这样的，大概率可以断定是个骗子。这样的骗局在同一个城市可以同时上演上百起。

骗术三：如果在路上看到一沓人民币，千万不要抱有侥幸心理去捡，尤其是在银行门口，那很可能是有人埋伏的圈套。如果你捡了起来，可能会有两个猛汉跳出来，让你把捡到的"一摞钱"交出来，然后告诉你这摞钱是假的，威胁你把真的钱交出来。最后你有理也说不清，只好自认倒霉。

骗术四：这是一种很陈旧的行骗方法，就是发短信通知你中奖了，需要先扣手续费。如果你真的信了，按照上面的账号汇钱过去，那寄出去的钱也就石沉大海了。

基本上所有行骗的手段，都是利用人们的怜悯心和贪便宜的心理才会得逞。骗子的把戏可以说是五花八门，令我们防不胜防，这就要求我们在遇到事情的时候要冷静考虑一下，如果遇到那些似乎不通过付出就可以得到的便宜一定要谨慎，很可能你已经被人骗了。

躲开那些不靠谱的"江湖术"

最近，娜娜的班上特别流行用星座理论来算命，比如千琴对此就尤为投入。作为千琴的好朋友，娜娜太了解她的变化了，自从千琴开始研究星座之后，逢人就免不了问一句："哎！你是什么星座的？"

"千琴，星座很有趣，随便玩一玩乐一乐就行了，你真的把它当作学问来研究吗？"娜娜含蓄而委婉地劝说道。

千琴新买了一个文件夹，把她自己研究的资料整理好，小心翼翼地放在里面存档，什么"四十八星区图"啦、"十二星座谱"啦、"星座与血型对照"啦，反正让人感觉比较神秘。

"娜娜，你听我说，星座这个东西，它是有科学依据的。根据我的研究，是这样的一个情况。"千琴极力纠正娜娜对于星座认识的误区，企图使娜娜用"科学"的高度来解读星座，"你看，人在不同的月份降生的时候，由于这个月的星座与地球特殊的磁场关系，人就受到了辐射而多少带上了星座的个性，所以不同星座的人个性鲜明。"

千琴根据这一重大理论，发现星座中有很多"值得"研究的内容，从此一发不可收拾，成了地地道道的星座"教主"，同学们经常可以听到她的讲演："星座是在人类的天文地理知识极大丰富之后才有的理论，可以说是人类文明不断发展的产物。星座占卜的最初目的，是根据人们出生时行星和黄道十二宫的位置，来预测他一生的命运。后来以此发展成为几个分支，一种是专门研究重大的天象（如日食或春分点的出现）和人类的关系，叫作总体占星术；另一种则是选择行动的吉祥时刻，叫作择时占星术；还有一种叫作决疑占星术，根据求卜者提问时的天象回答他的问题……"

"但是还有一点我弄不明白的，就是星座理论中所谓幸运日、幸运数和幸运颜色是怎么来的，我一定坚持研究下去。"

唉！这个千琴，娜娜真服了她。

一般而言，人们都希望能够预知自己的未来，还希望自己现在所做的事情能够得到外力的积极帮助，迷信活动运用的便是这种心理，而同学之间玩一玩"扑克算命""看手相"也是这种心理的一种反映。玩而不信算不上迷信活动。但是如果已经到了痴迷的地步，那就很有可能迷信上了。

迷信活动不仅荒诞，而且对青春期女孩的成长是极为不利的。

1. 影响心理发育的健康正常

青春期女孩的心理尚未完全成熟，正处在发展的过程之中，而热衷于迷信活动很容易导致心理负荷和承受能力之间的平衡失调，甚至会产生一些心理偏差。如果卜算的结果并不好，就有可能对女孩造成不好的心理暗示，长此以往，肯定是不利的。在成长过程中的女孩一旦碰到了困难和挫折没有得到正确引导，就极易受到各种迷信活动的影响，轻信荒唐的迷信预言。

2. 参加迷信活动不利于树立正确的人生观

如果一切都是命中注定，那我们还有什么必要努力进取呢？只要坐享其成就可以了，我们也不用整天辛苦地背书考试，命里注定考试过不了，背了也是白背。这些观点不是很可笑吗？青春期女孩缺乏足够的鉴别能力，而且心理承受力尤其脆弱，如果经常接触这些迷信活动，很容易在碰到挫折的时候为自己找到借口，认为一切都是命运的安排，导致逃避责任和不敢面对困难，不思上进，完全把希望寄托在荒诞的猜测上，将整个人生建立在虚幻的运程上，陷入唯心主义和宿命论的泥潭而不能自拔。长此以往，必将形成错误的世界观和消极的人生观。

3. 热衷于迷信活动一定会影响到正常的学习生活

大多流行于学生中的迷信活动具有刺激性、神秘性、交流性和娱乐性，这些迷信所带有的明显特征却恰恰契合了青春期女孩好奇心强、寻求刺激的特点，加之自控能力差，很容易沉湎其中，甚至她们对于迷信的东西非常热衷，迷信的东西比科学知识还要普及。

迷信思想也会误导学生作弊，因为她们看了《十二星座学生作弊指数》对"作弊指数"的分析说："双子座：作弊指数90%。作弊对于双子座来说，简直是家常便饭，而且作弊时绝对没有一点犯罪感……"如此这样的迷信理论堂而皇之地被学生津津乐道，无疑是对学生的正常学习活动产生了严重的影响，也败坏了校园健康向上的学习风气。

4.迷信活动也会给社会治安带来隐患

近年来，我们也经常听到一些由于迷信上当受骗的案例，利用封建迷信扰乱社会治安的事情也时有发生，足够引起我们的重视。作为一个学生，我们不应该传播或参与封建迷信活动，因为我们的是非观并非完全建立，而且我们还在求学阶段还有更重要的事情要做。

坚决拒绝尝试"刺激药片"

最近在全学校范围内开展"拒绝毒品，珍爱生命"的主题活动，通过这场活动，让原本不懂得毒品的依风认识了毒品。

"毒品是什么？"依风一脸的疑惑。

"哈哈哈哈！现在居然还有不知道毒品的人，你实在是太'OUT'了。"乐乐卖力嘲笑依风的无知。

"我真的不知道。"被乐乐这样一嘲笑，依风更困惑了，"那你说说，毒品是什么？"

"我也不是特别清楚，我只知道要拒绝接触毒品。不过最近学校在组织活动，会在信息栏上面贴很多照片，我们就认识毒品了。"乐乐说道。

"那好，我们一起下去看看吧。"说着，依风和乐乐一起结伴去学习毒品知识了。

对于毒品，用"白色瘟疫""生命毒剂""头号杀手"这些表述都不为过。毒品，不但是摧残肉体、销蚀灵魂、毁灭家庭的恶魔，更是严重危害社会治安、践踏人类文明的世界公敌。在吸毒者人群中，80% 有违法犯罪行为。

处于青春期的懵懂女孩，对于毒品，一定要提高警惕，辨别来自外界的诱惑因素，并充分认识毒品的危害，珍视自己的生命，提高抵御毒品的能力。

（1）不要有任何好奇心，不要以身试毒。以身试毒必然要付出惨痛代价。

（2）绝不抱侥幸心理，绝不要"第一次"。

（3）不结交有吸毒、贩毒行为的人，慎交朋友。遇有亲友吸毒，一要劝阻，二要回避，三要举报。

（4）远离毒品场所，严防毒品侵害。不要在吸毒场所停留，不做被动吸毒者。

（5）不要听信吸毒是"高级享受"的谎言。吸毒一口，痛苦一生。

（6）不要接受吸毒人的香烟或饮料，因为他们可能会诱骗你吸毒。

（7）不要听信毒品能治病的谎言，吸毒摧残身体，根本不可能治病。

（8）不要盲目追求感官的刺激。许多年轻女孩就是因为空虚，追求刺激而走上吸毒道路的。"吸食毒品犹如玩火"，酿成恶果追悔莫及。

（9）不要因为遇到不顺心的事而以吸毒消愁解闷，要勇敢面对失学、失恋等人生挫折。

对于自制力比较差的青少年来说，青春的力量逼人而来，似乎具有不可抗拒的魔力，如果没有正确的认知、理智的控制，很容易成为自己冲动和欲望的奴隶，过早地尝试一些本不应该尝试的行为，一失足成千古恨。而面对毒品，一定要坚决地说"不"，不要与毒品有任何接触。

陌生人与你搭话怎么办

那天瑶瑶和好朋友从游乐园玩了一天，乘公交车回家。在车上，瑶瑶发现有一个大男生总是往她这边看，感觉怪怪的，还好，旁边有小伙伴给她壮胆。

下了车之后，瑶瑶和同伴继续往前走，结果那个大男孩从后面跑上来拦住了她。"我叫付伟，你能把你的电话留给我吗？"他走过来主动和瑶瑶说话。瑶瑶愣了一下，不知道该怎么办好，说："我不认识你啊，为什么要把电话给你？"

"你只要给我电话就行，我只要你的电话号码。"他一副不达目的不罢休的样子。这时，瑶瑶旁边的小伙伴们看不过去了，她们马上担负起为瑶瑶护驾的责任："你这个人真是招人烦。我们又不认识你，凭什么要把电话号码给你呢？你要是再不走我们可就报警啦。这大马路上都是人，肯定能把你抓住。"可是，那个大男孩居然不理会她们的话，只是对瑶瑶说："我只要你的电话号码。"瑶瑶实在不知道说什么好，只好走自己的路不理他，可是他把路拦住，不让瑶瑶走了。

瑶瑶一下子急了，冲着他大吼："闪开！别招我烦。"这下，他总算知趣地离开了。

当你外出时遇到素不相识的成年人（包括女性）与你搭讪，最好不要理会，更不要过分热情。如果对方以各种理由提出带你离开时，千万不可轻信；即使你经过盘问考察，自以为对方可以相信，也要告诉熟人、邻居，听取他们的意见，至少让他们知道你的去向，否则是十分危险的。

　　平时不搭乘陌生人的便车，也不要接受陌生人的钱物、玩具、礼物、食品、饮料、香烟等。如果陌生人在你放学途中强行接你走或纠缠你，应立即向附近的巡警、交警报告，或往人多的地方跑，千万不要跟随陌生人到僻静的角落去。

　　这世界上存在很多无法预料的事情，所以一定要提高自我保护意识，防范可能出现的各种危险。

遇事要判断，勿轻信他人

放学后，小悦走出校门与同学道别不久，一个推着自行车的年轻人迎上前来，对小悦说："你爸爸在外出事了，他让我来接你。"小悦的爸爸是出租车司机，一听爸爸"出了事"，小悦头脑里的第一个反应就是"车祸事故"，因为这是她经常担心的事情，所以对这个虽然陌生但热情有余的"大哥哥"的话深信不疑。小悦说了声"谢谢"后便坐上了陌生人自行车的后座。

陌生人蹬着自行车飞快地向野外奔去，他一边蹬车一边与小悦交谈，打听小悦爸爸妈妈的姓名、职业和家庭住址、电话号码。当他获悉小悦的家庭状况时，心中暗自得意。待到僻静处，残忍的陌生人将毫无提防的小悦绑架，又迫不及待地按小悦提供的电话吩咐小悦父母拿赎金来换人质。小悦爸爸及时报了案，最终将犯罪分子绳之以法。

天真的小悦听信陌生人的话，最终上当受骗。如果小悦最初就有自我保护意识，懂得遇到素不相识的成年人（包括女性）搭讪，最好不要理会，更不要过分热情，那肯定就不会再出这样的事。

很多父母觉得女孩应该生活在一个没有任何杂质的世界，他们认为女孩在小时候就知道世界的一些阴暗面并不是一件好事。可是现实生活中，那些被骗的女孩，她们的父母在她们小时候，多半是没有告诉过她们这个世界还有坏人存在，才导致她们养成了轻信他人的习惯。

生活从来就不是童话，女孩不仅需要了解一些美好的事，也要了解一些不好的事。

比如，外出时，路遇陌生人突然上来与你搭话，要持戒备之心，对其所说的话不可轻信。如对方需要指路或钱财帮助，可以告诉他去找警察帮助，或直接为他拨打"110"求助。如果陌生人在你放学途中强行接你走或纠缠你，应立即向附近的巡警、交警报告，或往人多的地方跑，千万不要跟随陌生人到僻静的角落去。

不容忽视的急救、自救常识

那边有人溺水啦

柔柔和同伴们一起来到了美丽的城市中心公园游玩。暖风习习，吹得人很舒服。柔柔向大家建议："我们去坐游艇，好不好？"正当同伴们表示赞同的时候，忽然发现一只游艇意外地掀翻了，船上的游人都纷纷落下了水。

"啊！你们快看，那里有一只游艇翻了！"一个同学失声大叫起来。"那船上的人可怎么办呢？"柔柔看到了心里一阵着急，"我们都不太会游泳，怎么办？"

不过还好，很多人注意到了那边有落水的人，而且正巧的是不远处有一群游泳爱好者在锻炼身体，当他们看到有人落入了水中，都游了过去，没过多长时间，大家都获救了。

真是惊险的一幕，柔柔和同伴们也都长舒了一口气。

"那，我们还要不要坐快艇？"柔柔再次征求大家的意见。

"嗯，咱们还是玩脚踏船吧。"大家不约而同地换了主意。

溺水对生命最大的威胁是水能堵住人的呼吸道，造成窒息缺氧死亡。溺水往往具有发生突然、危险进程快的特点，一般情况下4~6分钟就可能因呼吸和心跳停止而死亡。所以如果是自己不慎落入水中，应该采取有效的自救方法。

（1）保持镇静，采取仰面位，即在水中头向后仰，口鼻向上并尽力露出水面。

（2）呼吸要注意做到呼气浅而吸气深，并防止发生呛水。

（3）不要向上伸手臂进行挣扎，这样只能使人加速下沉。

（4）因腿抽筋不能游动导致下沉时，应及时呼救；如附近无人，应保持镇静，设法向浅水或岸边靠近。

这是自己不小心掉入水中之后应该采用的方法，如果我们看到有其他的人落入了水中，应该怎么办呢？

发生溺水事件的时候，有不少的溺水者是由于没有得到及时有效的救助而延误了抢救时机，甚至为此丧失了性命。那么如果当我们发现有人溺水了，应该怎么办呢？

发现有人溺水时，如果你不会游泳，就应该尽快用竹竿、木条或绳子等把溺水的人捞上来。如果会游泳的话，也应先呼救，尤其是未成年人一定要先向周围寻求帮助。第一时间拨打"120"急救电话，并边打电话边呼救。

防止毒蛇咬伤

"我昨天去看大蟒蛇啦。"幻灵得意地向全班同学炫耀。

原来，幻灵在周末的时候和姐姐一起去动物园，就是要专门观看特地来巡展的泰国蟒蛇。

"我看了又看，觉得不过瘾，又摸了摸它，然后还觉得不过瘾，就抓起一条蛇放在脖子上照了相片留个纪念。蟒蛇是一种很乖很听话的动物，比班上那些调皮的女孩安静很多。"幻灵一边说，一边掏出照片让大家开开眼。

"简直是变态，哼，恶心吧啦的，请我我都不去呢。"班上一个很小巧的女孩直言不讳地表示自己对于蟒蛇没有什么好感。

"那里只有蟒蛇吗？"有同学问道。

"不，还有毒蛇。"幻灵继续向大家介绍说，"那个毒蛇比蟒蛇长得可漂亮多了，只是我实在不敢拿着它照相。实际上越是外表漂亮的蛇其实越毒，真的。我很替那些和蛇朝夕相处的人担心，因为他们整天都和蛇在一起，如果有一天万一被咬到怎么办？不就会被毒死了吗？"

"幻灵，有时间我们也去看那些蛇呢。听你这样一讲，挺有意思的。"

"嗯，好啊。"幻灵点点头，"不过你们要提前做好预防工作，不要被蛇咬到"。

我国的毒蛇种类很多，而且多分布在长江以南的广大省份。毒蛇咬伤多发生于夏、秋两季。一旦不幸被蛇咬伤，首先要判断咬伤自己的是否为毒蛇。一般的毒蛇有如下特征：头部呈三角形，身上有彩色花纹，尾短而细。毒蛇咬伤的伤口表层通常会有一对大而深的牙痕，或两列小牙痕上方有一对大牙痕，有的大牙痕里甚至留有断牙。且伤口的颜色会在较短时间内变成深色甚至乌色。如果一时无法判断是否被毒蛇所伤，为了安全起见，还是要按照毒蛇咬伤进行处理。下面是被毒蛇咬伤后的处理措施。

首先要防止毒液扩散和吸收。被毒蛇咬伤后，一定不要惊慌失措、奔跑走动，这样会促使毒液快速向全身扩散。被毒蛇咬伤者应立即坐下或卧下，自行或呼唤别人来帮助，迅速找来一些鞋带、裤带之类的绳子绑扎伤口的近心端，如果是手指部位被咬伤要绑扎指根，手掌或前臂被咬伤可绑扎肘关节上，脚趾被咬伤可绑扎趾根部，足部或小腿被咬伤可绑扎膝关节下，大腿被咬伤可绑扎大腿根部。绑扎的目的与止血不同，仅在于阻断毒液经静脉和淋巴回流入心，而不会妨碍到动脉血的供应。故绑扎无须过紧，它的松紧度掌握在能够使被绑扎的下部肢体动脉搏动稍微减弱为宜。绑扎完成后还需要注意，接下来要每隔30分钟左右松解一次，每次1~2分钟，这样可以避免血液循环受阻，造成组织坏死现象。绑扎完成后，接着要迅速排除毒液。这需要立即用凉开水、泉水、肥皂水或1∶5000高锰酸钾溶液冲洗伤口及周围的皮肤，以洗掉伤口外表毒液。如果伤口内有毒牙残留，应迅速用小刀或碎玻璃片等其他尖锐物将之挑出，使用前最好用火烧一下刀片以对之进行消毒。器物准备好以后，以牙痕为中心作十字切开，深至皮下，然后用手从肢体的近心端向伤口方向及伤口周围反复用力挤压，以促使毒液从切开的伤口排出体外，同时要边挤压边用清水冲洗伤口，冲洗挤压排毒需持续20~30分钟。如果随身带有茶杯，可以对伤口做拔火罐处理。拔火罐时，要先在茶杯内点燃一小团纸，然后迅速将杯口扣在伤口上，使杯口紧贴伤口周围皮肤，利用杯内产生的负压吸出毒液。如无茶杯，也可用嘴吮吸伤口排毒，这种情况下一定要注意，吮吸者的口腔、嘴唇必须无破损、无龋齿，否则就会有中毒的危险。吸出的毒液要随即吐掉，吸后要用清水漱口。排毒完成后，伤口要湿敷，以利毒液流出。必须注意，蛇毒是剧毒物，极小量就可致命，所以绝不能因惧怕疼痛而拒绝对伤口切开排毒的处理。

去野外旅行的时候，最好随身备一些药，这样一旦被毒蛇咬伤就可立即口服以解内毒。伤者如出现口渴，可以给予足量清水饮用，切记不可饮酒精类饮料，因为这样可能会加速毒素的扩散。经过切开排毒处理的伤员要尽快用担架、车辆送往医院做进一步的治疗，以免出现在野外无法处理的严重情况。转运途中要安抚伤者，尽量使其保持安静。

在野外，为了避免被蛇咬伤中毒，应做好以下预防工作：在野外时，尤其在夜间，最好穿长裤、蹬长靴或用厚帆布绑腿。持木棍或手杖在前方左右拨草将蛇赶走，夜间行走时要携带照明工具，防止踩踏到蛇体招致咬伤。选择宿营地时，要避开草丛、石缝、树丛、竹林等阴暗潮湿的地方。在野外应常备解蛇毒药品以防不测。

惹火烧身，好疼

蕊蕊听说前一天班上一位同学家着火了，虽然火势不算很大，但也给他们家带来不小的损失。当时正值晚上6点，正是交通拥堵的时候，所以消防车到得稍稍有点晚，还好没有人员伤亡。

看到同学很落寞的样子，蕊蕊过去安慰了她："你有被烧到吗？"那个同学回答说："嗯，没有被烧伤，但是当时就在一片火场里，很热，而且感觉呼吸困难，还好我们逃得及时。当时我用一条湿毛巾捂住了鼻子和嘴，所以没有感到很难受。"

蕊蕊以前听妈妈说过，当发生火灾的时候，完全寄希望于消防车也是不可取的，平时自己有意识学习一点自救知识，才能更好地配合消防工作，也给自己的生命多一份保障。

火是一把"双刃剑"，一不小心就会引火烧身。所以不要随意玩火，遇到火灾，一定要保持冷静，不要慌。

如果不幸遭遇火灾，应采取正确有效的方法自救逃生，减少人身伤亡。一旦身受火灾威胁，千万不要惊慌失措，要冷静地确定自己所处的位置，根据周围的烟、火光、温度等分析判断火势，不要盲目采取行动。

身处平房的，如果门的周围火势不大，应迅速离开火场。反之，则必须另行选择出口脱身，或者采取保护措施（如用水淋湿衣服、用湿的棉被包住头部和上身等）以后再离开火场。

身处楼房的，发现火情不要盲目打开门窗，否则有可能引火入室。不要盲目乱跑更不要跳楼逃生，这样会造成不应有的伤亡。可以躲到居室里或者阳台上。紧闭门窗，隔断火路，等待救援。有条件的，可以不断向门窗上浇水降温，以延缓火势蔓延。

在失火的楼房内，逃生不可使用电梯，应通过防火通道走楼梯脱险。因为失火后电梯竖井往往成为烟火的通道，并且电梯随时可能发生故障。因火势太猛，必须从楼房内逃生的，可以从二层处跳下，但要选择不坚硬的地面，同时应从楼上先扔下被褥等增加地面的缓冲，然后顺窗滑下，要尽量缩小下落高度，做到双脚先落地。在有把握的情况下，可以将绳索（也可用床单等撕开连接起来）一头系在窗框上，然后顺绳索滑落到地面。

逃生时，尽量采取保护措施，如用湿毛巾捂住口鼻、用湿衣物包裹身体。如果身上衣物着火，应迅速脱掉，或者就地滚动，以身体压灭火焰；会游泳的，还可以跳进附近的水池、小河中，将身上的火熄灭。总之要尽量减少身体烧伤面积，减轻烧伤程度。

火灾发生时，常会产生对人体有毒有害的气体，所以要预防烟毒，应尽量选择上风处停留或用湿的毛巾或口罩保护口、鼻及眼睛，避免有毒有害烟气侵害。

如果外出活动被困在商场等高楼里，应当利用周围一切可利用的条件逃生，记住要利用消防电梯、室内楼梯逃生，普通电梯千万不能乘坐。同时，发生火灾时，商场可能会乱成一团，所以逃生时应紧紧地抓住楼梯扶手，以免被混乱的人群撞倒；另外，也可以利用阳台、过道以及建筑物外墙的水管进行逃生。

如果在野外游玩时碰上火灾，一旦发现自己身处的森林着火了，应当使用湿毛巾遮住口鼻，附近有水的话最好把身上的衣服浸湿，这样就多了一层保护。然后要判明火势大小、火苗燃烧的方向，应当逆风逃生，切不可顺风逃生。

灾难是不期而遇的，但是只要做好准备，没有什么可怕的，你的力量虽然是薄弱的，但你的智慧是无穷的，只要有足够的准备加求生的欲望，再大的灾难也能躲过去。

地震来了，该往哪里跑

自然灾害是可怕的，灾难不知哪天降临，你将怎么办？面对自然灾害，人类是非常脆弱的，非常渺小的，但是我们必须沉着面对！

从地震发生到房屋倒塌，一般有 12 秒左右的时间，要在 12 秒内作出正确躲藏的抉择，保持镇静和避免惊慌非常重要。

强烈地震发生时，人们往往会茫然若失，条件反射地采取本能行动，即恐慌和乱跑。这时候，至关重要的是要保持清醒的头脑和镇静自若的心态。只有镇静，才有可能运用平时学到的地震知识判断地震的大小和远近。

1. 当你正在学校上课时发生地震怎么办

以下蹲的姿势使自己能躲到桌子或写字台下，同时将一只胳膊弯起来护住眼睛不让碎玻璃击中，另一只手抓紧桌腿或写字台的一边。地震时在椅子之间蹲下也是安全的。在学校中某些书桌实际上是扶手上带有一块写字板的椅子，高中生或大学生实际上是躲不到书桌下面的，但他们却可利用排椅来保护自己。在大型课堂，排椅提供了一个非常好的藏身之地，学生可以躲到座位下，也可躲在排椅之间。如果地震的时候，你正在操场或室外，可原地不动蹲下，双手保护头部，注意避开教学楼及附近高大建筑物，不要马上回到教室去。

2. 当你正在楼房内时发生地震怎么办

如果发生地震的时候，你正在楼房里，要保持头脑清醒，迅速远离外墙及门窗。可选择厨房、浴室、厕所、楼梯间等开间小而不易塌落的空间避震。千万不要从楼上跳下，也不能使用电梯。因为事实证明，地震时一些严重伤亡者正是那些朝室外匆匆逃出的人。不可站立和蹦跳，要尽量降低重心。地震过后要迅速撤离，撤离时要走楼梯。

3.当你正在户外时发生地震怎么办

如果你在户外，就停留在户外，不要再返回屋内。国内外很多震例表明：在地震发生的过程中，在短短的几十秒内，人们匆忙进入或离开建筑物时，砸死砸伤的概率最大。在户外的时候，要停留在开阔的地方，要远离可能掉下东西的建筑物或有高压电线的地方。总之，当我们遇到地震发生时，一定要做到以下事项。

一是争分夺秒最要紧。地震时，门框会因变形而打不开，所以在防震期间，最好不要关门。夜间地震时，要争分夺秒向安全地方转移，不要因寻找物品和穿衣而耽误时间，如有可能，要立即拉断电源，关闭煤气，熄灭明灯。地震时照明最好用手电筒，不要使用蜡烛、火柴等明火。

二是一旦被埋要保存体力。地震时，如已被砸伤或埋在倒塌物下面，应先观察周围环境，寻找通道，千方百计想办法出去。若无通道，则要保存体力，不要大喊大叫，要静听外面的动静，如听到有人走过的声音，可敲击铁管或墙壁使声音传出去，以便救援。同时要在狭小的空间里，寻找食物维持生命，创造生存条件，耐心等待救援。

三是地震时不要急。破坏性地震从人感觉震动到建筑物被破坏平均会有 12 秒钟，在这短短的时间内你千万不要惊慌，应迅速根据所处环境做出保障安全的抉择。

如何避免被雷击

刚才下了一场异常猛烈的雨，顿时天昏地暗。同学们在屋里看到都感觉很害怕。因为是阵雨，所以不一会儿天气便放晴了。

小英很想出去观察一番，她做梦都想亲眼看到雨后七色的彩虹。

不过事实并不如小英所愿，她不仅没有看到彩虹，反而看到庭院里那棵雪松被雷劈倒了。

一棵好端端的树，从中间被斩断，上面的那一部分都垂了下来。雷劈的地方，很明显还带有烧焦的痕迹。好多同学看到之后感到一阵后怕。还好，伤到的是树，而不是人。小英想起了以前自然课上学到的一个知识，避雷针是富兰克林发明的，装上它之后，再遇到雷雨天气安全系数就大大地有了保障。不过后来听说有一个地方在安装避雷针的时候出现了差错，以致避雷针从性质上变成了"招雷针"。

从这个故事中可以得到两点启示：其一，雷电似乎喜欢招惹那些与平均高度相比更高的物体；其二，雷电更喜欢亲近金属。

所以，在户外遇到雷电的时候，也要注意两点：其一，不要让自己比周围的人或物更高；其二，身上不要佩戴金属的饰品。

当雷雨天气增多的时候，遭雷击身亡的事故便会时有发生。雷电对人体的伤害，有电流的直接作用以及高温作用。当人遭受到雷击的一瞬间，电流会迅速通过人体，可导致人体心跳加快、呼吸停止，甚至出现脑组织缺氧而死亡。另外，被雷击时产生的火花，也会对人体造成不同程度的皮肤灼伤。所以我们在日常应该能够多掌握一些安全自救常识，在电闪雷鸣的时候，就能够有效避免不幸事故的发生。

　　如果我们看到有人遭到了雷击，第一时间的救助十分重要，如果雷电击中的是头部，并且通过躯体传到地面，会致使人的神经和心脏麻痹，就很有可能致命。当人受到雷电电流冲击之后，心脏不是停止跳动，就是跳动速率极不规则而发生颤动。这两种情况都会使血液循环中止，造成脑神经损伤，人在几分钟内就会死亡。所以，对于触电者的急救分秒必争。这时应该一边进行抢救，一边紧急联系送往医院治疗，在送往医院途中，抢救工作不能中断。

　　发生雷击确实很可怕，所以我们应该注意在雷雨天气的时候做好防护工作，做到防患于未然。

　　如果这时你在室内，需要注意以下事项。

　　（1）关好门窗，以防止球形雷蹿入室内造成危害。

　　（2）拔掉室内电视机、音响、电冰箱、空调等电器设备的电源插头，避免产生导电现象引起火灾。

　　（3）打雷时，坐在房间的正中央最为安全，不要停留在电灯的正下方，更不要靠在墙壁边、门窗边，以避免在打雷时产生感应电而发生意外。

　　（4）不要靠近室内的金属设备，如暖气管道、自来水管、钢柱等，以防雷电电流经它们蹿入人体。

　　（5）不要穿湿的衣服和拖鞋。

　　（6）不要接听和拨打手机，普通电话也应避免在雷击时使用。

　　如果这时你在室外，需要注意以下事项。

　　（1）立即停止室外活动，不要在山顶或者高丘地带停留，也不要行走或站立在空的田野，这时应该尽快寻找避雷场所，可以到低洼、干燥或背风的房屋或山洞里躲避。但不能进入茅棚屋、岗亭等无防雷设施的低矮建筑物躲避。

　　（2）如果遇到雷雨时正在空旷的地方，应该双手抱膝蹲在地上，胸口紧贴膝盖，低头看地，因为头部最容易遭雷击。这时千万不要用手撑地，这样会扩大身体与地面接触的范围，增加遭雷击的危险。

（3）不可以到大树下躲雨，因为当强大的雷电流通过大树流入地下向四周扩散时会在不同的地方产生不同的电压，以免人体站立的两脚之间存在电压差而造成伤害。

（4）不要撑带金属伞柄的雨伞行走，还是穿雨衣比较安全。不要接触铁轨、电线，常称为跨步电压伤害。不能在雷雨中跑动，也不能骑自行车或摩托车。

（5）禁止在江边、湖里和河里游泳、划船、垂钓等，因为水的导电率很高，容易吸引雷电而致使人受伤。

（6）如果此时正在驾车，应该停留在车内。车壳是金属的，有屏蔽作用，就算是闪电击中汽车，也不会伤人，车厢是躲避雷击的理想场所。

（7）千万不要穿凉鞋或拖鞋，最好穿橡胶底的鞋或长靴。

（8）最好把戴在身上的一切金属物拿下来，摘下手表、腰带，尤其是金属框的眼镜一定要摘下来，以免产生导电而被雷电击中。

被车撞到了要镇静应对

当南南走在街上的时候，时常会看到汽车的后备厢处贴着这样的告示："新手上路""别吻我""别看车旧，人可是新的"。

这是因为现在买车的人越来越多，学车的人也越来越多，所以很多人刚刚领了驾照就开车上路，才在车的后窗外贴这样的告示提醒人们，如果开车的技术实在不好，请多包涵。

其实，开得慢点倒还无所谓，只要保证安全就行。车多了，交通事故也多了，好多肇事者都是领驾照不久的新手，并不是因为他们故意。

"其实，在考驾照的时候应该多安排一些交通安全、事故急救之类的课程，这样才能保证大家的安全嘛。"南南曾经这样和妈妈说。

"是的，如果出现了严重车祸，后果会不堪设想。所以安全教育不仅是开车的人要学，我们每一个人都要学，才能镇静应对突如其来的事件。"妈妈说着给南南念了一份报纸，就是讲一个人出了交通事故之后，自己拨打了"120"急救，但是在等医护人员赶到的这段时间内自己并不懂得迅速止血，以致失血过多而昏迷。如果他有自我保护的意识，情况就不会这样糟糕。

"嗯，是的。看来我也要学一点相关的知识了。"南南对妈妈说道。

在车祸中，容易造成各种伤害，如各类骨折、骨裂、脑外伤、内脏器官损伤等，因此车祸中的防护方法显得更为重要。应用得当，能够最大限度地保护自己，降低伤害。如果在车祸中受伤出血，可以把身上的衣服撕成布片，对出血的伤口进行局部加压止血。在大量出血时最好能用毛巾或其他替代品暂时包扎，以免失血过多。

　　骨折受伤时不要贸然移动身体，不要乱动或错误包扎，确实需要搬动时，一定要确定伤肢不会发生相对移动。找木板或较直、较粗的树枝，用三根固定带将 2~3 块木板在伤肢的上、中、下三个部位横向绑扎结实。发生颈部损伤时不可随意挪动，否则很有可能形成永久性的伤害甚至瘫痪。头部发生创伤时要将身体平放，头稍垫高。

　　一旦发生车祸，千万不可惊慌失措，因为急躁会增加出血量，增加人体耗氧量，反而加重伤情。同时千万不要忘记拨打"110"和"120"，这样能够使自己在最短的时间内得到外部的支持和救援，这样生命就多了一份安全的保障。

　　世界在瞬息万变，下一秒到来的究竟是幸运还是不幸，没有一个人能够完全有把握地许诺你。那么，既然这样，倒不如在平时多多武装自己，增强自己自救的能力，这样，便可以在很大程度上做自己的拯救者。

　　让我们学着成为拯救自己的人吧。

珍惜青春，拒绝早恋

男孩和女孩不可以交往吗

放学的时候下雨了，而冰海又没有带伞，这下糟糕了，怎么回家呢？冰海只好一个人坐在窗外，心里祈祷着雨能快些停下来。

"冰海，你怎么还不回家呢？"坐在冰海前面的一个男同学问她。冰海沮丧地说："没有带伞，怎么回家呢？"

"我这里有一把伞，你拿去用吧。"他不知从何处"变"出了一把伞。"那你怎么回家？"如果冰海把伞拿走，那他用什么呢？冰海不禁关切地问了他一句。他却憨憨地笑了一下，用无所谓的语气说："没事，我就跑着回去。"

听到这里，冰海的心里确实是有点感动，于是提议道："我们一起回家吧，反正也是顺路。"

他听了之后，乐得直点头。就这样，冰海和他同时打着一把伞"漫步"在雨中。冰海心想自己长这么大，还是头一次和男孩子在一起打伞走路呢。这种只有在电影里面才会常常出现的浪漫电影情节，没想到今天却在自己的身上上演了。

老天似乎在和他们作对，雨越下越大，一把小伞根本就无法遮挡住这瓢泼大雨。他倒是挺绅士的，把雨伞不停地往冰海这边挪，自己瞬间就变成了"落汤鸡"。这一刻，冰海的心中突然变得暖暖的，有高兴，也有感动。

晚上，冰海躺在床上，怎么也睡不着，脑海里总是浮现着他那特殊的憨憨的笑容，难道自己就喜欢他了吗？唉！也许，女孩就是不应该和男孩交往，只不过是一起走回家而已，为什么自己却会很晚都睡不着觉呢？

青春期正处在一生中最重要的阶段。无论是在生理方面，还是在心理方面，都在迅速发展和变化。身材越来越高大，内脏器官变得越来越成熟。与此同时，知识越来越丰富，认识活动由具体思维向抽象思维过渡，开始对外部世界形成总体的看法和认识。由于体内激素的分泌发生了变化，性器官的发育开始萌动，对异性开始产生兴趣。并且开始有了自己是一个成人的感觉，再加上外界、媒体的影响，因此在这一期间青少年朋友出现早恋行为并不奇怪。

有些人对早恋有恐惧心理，认为喜欢异性是不正常的，是件不光彩的事情，尤其是家里的好儿子、乖乖女，他们认为喜欢异性就不是好孩子了，会受到谴责。其实大可不必，当我们弄清早恋产生的原因后，就不会过度恐惧、担忧了。

早恋指青春期或青春期以前的少年出现过早恋爱的现象。早恋习称"牛犊恋"，多与环境因素引起早熟性兴奋和性萌发有关；一部分也与孤独、空虚、心理上缺乏支持有关。陷入早恋之中的少年男女因受到相互的吸引，互相爱慕、互相支持，情绪是欢愉的，情感是纯真的。由于情感处于主导地位，通常缺乏理性。相当多的早恋少年满足于温馨的即景般的情感交流和卿卿我我的言语交流。

早恋是由于受了外部"催化剂"的性早熟的结果，很难指向一个固定的对象；对某一异性对象的爱慕或倾倒是非理性的。例如，有的男孩称他之所以喜欢班上那个女生，是因为她的一双手长得灵巧美丽；有的则认为对方的声音好听；有的认为他的异性伙伴有部带遥控的玩具汽车。

如果发现自己有喜欢某个异性的倾向，或身边的朋友、同学出现了早恋现象，不要感到震惊和恐惧。早恋并不是道德品质差的表现。早恋不是罪，但早恋却会给青少年朋友带来不好的影响，它会影响到你的学习，恋爱会分散精力，尤其是我们现在还不能很好地控制自己，一旦早恋，很有可能将过多的注意力转移到异性身上，而放在学习上的精力和时间就会不自觉地减少。所以，我们并不提倡早恋。到了一定的年龄，出于正常的情感需求，每个女孩都多少会产生与异性接近的欲望，这不是病态，也不是可怕的事情。但是在与异性相接触的过程中要把握好分寸，才能使自己的身边有更多的好朋友。对于早恋，我们最好不要轻易尝试。

真正的爱情是什么

晓晴早上来到学校，看到班上的同学一阵骚动，难道有什么事情发生吗？同学示意她看了一眼黑板，上面写着"某某，我爱你。"原来如此，再看看那个女生，她的脸上一阵欣喜，向大家骄傲地炫耀这一切。

"啊！实在是太浪漫了，太动人了！"晓晴掩饰不住内心的激动，相信她一定也很希望这一幕在她的身上上演吧。

回到家，晓晴和妈妈提到了今天的这些事，妈妈却说道："你们这群孩子，你们懂得什么是爱吗？简直是瞎胡闹。"

"为什么？那个男孩可以在黑板上把自己的想法写出来，还让全班的同学都看到，这是多么需要勇气啊！"晓晴跟妈妈提出异议。

"不管是喜欢，还是爱，那是两个人的事情，没有必要向其他的人炫耀。晓晴你觉得呢？而且，很多时候我们都会对爱有一种认识的误区，以为对某人有了朦胧的好感就是爱，其实是错误的。你想，两个人根本没有什么了解，就爱了，这不是很草率吗？这样的爱，不过是自己一时情绪上的波动，不会持续太长的时间。你们现在正是学习的大好时候，不要把心思都用在这些方面。"

听了妈妈的话，晓晴感到汗颜。是啊，"爱"是一个多么沉重的字，怎么可以随随便便就说出来呢？

妈妈接着告诉晓晴："其实我认为，你们现在小小的年纪，虽然说对异性有好感比较正常，但是却实在不适合谈论爱这个字，因为爱字不仅包括两个人彼此的好感，还包含着很多的责任和承担，你们现在太小，根本没有能力去爱。还是把心思都放在学习上，是最好的。"晓晴明白了，爱，不是随便说说的。

爱是需要证明的，但爱用什么去证明最有说服力呢？也许你会认为最浪漫的就是拥吻吧，而且最好是当街的那种、众目睽睽之下的那种，这样才足够真诚。太多的小说或电影，描述了这样的场景——女孩慢慢闭上眼睛，微仰着头，男孩缓缓俯下，镜头拉近……之后，男孩特温柔地说："这就是我的证明！是我对你的爱的证明！"

人是很脆弱的，没有办法抵挡这种浪漫感觉的诱惑。但是用拥吻来证明爱，实在是太乏力了。当街拥吻，是要告诉别人，你们是很相爱的。可你们是否相爱，只有你们明白，用不着别人评点。如今情侣之间，转瞬之间的分分合合太正常了，拥吻能代表的东西实在太少太少。那到底什么可以证明真正的爱呢？也许是时间。

两个人的世界，会有争吵，会有矛盾，会有伤害，会有坎坷，也许相爱的人会受到诱惑，会遭到信任的危机，会有对人生的困惑，事业上会遭到打击不顺，生活上会有种种的压力和责任，但是两个人不会退缩和逃避，而会手牵手走到最后。当我们看到两个老人相濡以沫、白头到老、忠贞不渝时，我们发现，这是时间给爱证明的证词。

但是我们不能等到老成那样才弄明白这到底是不是一份真正的爱。在实际的生活里，两个人是否能够做到换位思考，互相体贴，这非常重要。我们可以从很多的细节中感知到爱真诚与否。我们很容易发现，两个人在争吵的时候，开口的第一个字往往是我，而不是我们，其实这是对感情最大的伤害。如果做到始终从"我们"的角度，而不是从"我"的角度思考问题，那么爱情就会变得更加真实一些。

网络爱情，拜拜

"花花，怎么一副魂不守舍的样子，上课又走神了吧。"老师在课上当着全班同学批评了花花。

确实如此，最近花花是有点不太对劲，突然一下子变得温柔了许多。

原来，花花买了一台新电脑，然后学会了网上交友。在网上，她认识一个叫"一水隔天"的网友，逐渐两个人就聊上了。这个"一水隔天"在网上和花花坦白，他是个无业青年，但是花花却觉得他很诚实，一心认定他是一个难得的人。"花花，你是不是刚才又在想那个'一水隔天'了？"下了课，同学紫兰跑到了花花那里，想问个究竟。

"紫兰，你看。"花花拿出了一个精美的小本子，上面记满了"一水隔天"给她的绵绵情话："你是天上的月亮，我就是陪伴在你身边的星星。""你知道我时刻在想你吗……"

看着这些情意绵绵的词句，紫兰觉得十分肉麻，但花花却十分沉醉。

"紫兰，我想和他见面，好吗？"花花问道。

"反对，你了解他吗？"紫兰问道，毕竟是旁观者清。"怎么不了解？你知道吗？我每天用在和他聊天的时间不少于3小时。"紫兰心里觉得！怪不得她最近成绩下滑得这么厉害。

无论紫兰什么态度，花花执意要和那个"一水隔天"在公园见面，而且还想把他介绍给大家。

有一次，紫兰和花花在回家的路上不经意看到了"一水隔天"。"花花，你快看，快看啊！"花花顺着紫兰手指的方向，看到了他正和另一个女孩在一起。

"啊！"花花一下子就傻了，随后大颗的泪珠落了下来。

　　青春期女孩对社会及爱情的理解还很肤浅，判断力、成熟度较差，容易被那些虚构的凄美动人的网恋小说、网恋故事所感动。于是，不少女孩在网络聊天室寻觅"知音"，自认为拥有网上知音是一种精神刺激和满足，是心情自由放飞的空间，沉迷于网上交友，模仿着小说中的恋爱故事。先是出于好奇，进而模仿，发展到后来就不能自拔了。

　　在虚拟的网上与人谈情说爱，这是很危险的事，会致使人沉迷于虚幻的情爱之中，想入非非，无法与现实接轨，造成情绪异常，甚至会引发严重后果。在网上谈恋爱、"结婚"不仅会影响青春期女孩世界观的形成，还会影响她们对未来婚姻的态度。在这种虚无缥缈的感情里游走，只会让人变得玩世不恭、萎靡不振。

　　对于刚刚迈进青春期的女孩来说，情感开始萌动本是一件自然的事情，无可厚非，但是，在这个敏感的时期，一定不要陷入网恋的情感旋涡中。女孩在平时要认清网友的真面目，拒绝与网友交流生活、感情、私密的问题，注意防范人身安全。在日常生活中，要经常与家长或所信赖的亲友、师长沟通，感受来自周围的温暖关爱。

　　步入青春期的女孩需要知道，爱情是一个奇妙的东西，它会在属于自己的季节如期到来。而在它到来之前，每个人都需要仔细守护自己的情感地带，切不可因为网恋而伤害了自己。

对性骚扰说不

保持警惕性，避免性侵犯

上个周末，妈妈带着艳之去听了一场关于"女生应该如何自护"的报告会，收获很大。让艳之想不到的是，女孩在日常的生活中难免会遇到"意外骚扰"，这个时候要变得勇敢坚强，自己保护自己。

记得那次在公交车上，艳之就遇到一个不怀好意的人，借着拥挤的人群，有意无意地触碰她的手和腰部。真讨厌！艳之故意踩了他一脚，他好像还没有什么反应，于是艳之决定换个地方站，就来到了女性乘客比较多的地方。

像这样类似的事情，也许很多女孩都会碰到一些，比如在网上聊天，有时就会碰到一些和自己并不认识的人说想交朋友，甚至会说一些"有色语言"。这个时候，就应该义正词严地拒绝和这样的人交流，以免自身受到伤害。

性侵犯泛指一切与性相关且违反他人意愿，对他人实施造成身心侵害的行为，包括强奸、诱奸、性骚扰在内的行为都可算是一种性侵犯，而暴露、窥淫等也可算是性侵犯的一种。

许多研究表明，遭受性侵犯的女孩会在相当长的时间里，不同程度地表现出一系列心理症状，如恐惧、焦虑、抑郁、暴食或厌食、不喜欢自己的身体、对身体有异样感、低自尊、行为退缩、攻击性行为、注意力不集中、药物滥用、自杀或企图自杀等。如果没有得到足够的帮助，成年后多会在人际关系方面遇到困难，难以与异性建立亲密关系，有人还会多次受害。

由此可见，性侵犯对青春期女孩的身心健康有长期的影响。对于性侵犯，我们一定做好预防的准备，最重要的是提高自我的防范意识、学会自我保护。例如，不与异性在过于隐蔽的环境中单独相处，尽可能夜间不要在外逗留时间过长或单独出行，不与异性到成年人的娱乐场所玩乐，等等。而在上述这些预防性侵犯的注意事项中，有一点需要特别指出并加以强调，那就是女孩子在走夜路时的安全警惕问题。

这里有一些建议，希望可以给女孩子提供帮助。

（1）保持警惕性。如果是经常走的街道，要记住晚上营业的商店、治安岗亭或附近居民住宅、派出所等；如果是陌生的街道，要选择有路灯、行人较多的路线。同时，还要对路边黑暗处有戒备。

（2）陌生男性问路时不要为他领路，如发现有人跟踪尾随，要设法摆脱。

（3）最好不穿过分暴露的衣服。

（4）不要搭乘陌生人的车辆。

（5）如遇不怀好意的男性挑逗，要及时斥责，表明态度；如遇坏人，首先应高声呼救；若四周无人，则要保持沉着冷静，要利用自己随身所带的物品进行自卫。

如果不幸被侵害，那么无论侵害你的人是陌生人还是家里的长辈、老师等熟人，你都要理智地做到以下几点。

第一，尽快告诉自己信任的亲人、老师或学校领导。有些女孩出于羞耻感，或是怕家人或老师批评而不敢告诉自己本应该相信依靠的人，而宁愿自己一个人默默承受这份难当的痛苦。其实，被侵害，错不在自己，错的是施害者。只有在这些值得你相信的长辈的帮助下，你才能真正走出困境。

第二，要懂得用法律来维护自己的权益。对于那些失去理智、纠缠不清的无赖或违法犯罪分子，千万不要惧怕他们的要挟和讹诈，也不要怕他们打击报复。要大胆揭发其阴谋或罪行，学会依靠组织和运用法律武器保护自己。当施暴者是熟人时，也不能沉默，否则性侵害者更加有恃无恐。也千万不能"私了"，"私了"的结果常会致使犯罪分子得寸进尺，没完没了，而应当勇敢地站出来指证，这样不仅可以防止性侵害进一步发展，而且有利于事后公安机关收集其犯罪证据。

第三，学会保护证据，如不要洗澡，保留对方的毛发、精斑、血液、抓痕和现场遗留物。如果可能的话，你还应该让别人拍下能证明你所受伤害的照片，同时，最好还能找一个证人，把她（他）的证词做好记录。

第四，受到伤害后，应尽快去医院检查，以防止内伤、怀孕或感染性病等，并及时进行心理咨询、心理治疗，医治精神创伤。

当然，青春期女孩需要注意了，在平时的生活中一定要掌握一些保护自己的技巧。如果不幸遭遇了性侵犯，也不要乱了方寸，要在第一时间最大限度地降低自己可能遭受的伤害，然后记得勇敢地拿起法律武器保护自己。